Donald Duck
EEN DAGJE NAAR HET STRAND
Gefeliciteerd met uw nieuwe strandhuis, meneer Geluk! U moet wel heel blij en verrast zijn dat u de eerste prijs heeft gewonnen bij de 'Heel Duckstad Bakt'-wedstrijd!
Blij? Natuurlijk! Verrast? Niet echt, mevrouw!
D 2007-445
Vergeet u niet dat u óók nog het aangrenzende deel van het strand heeft gewonnen?
Oh, dat was ik echt niet vergeten, hoor!
Een veertig meter brede zandstrook... van MIJ... HELEMAAL VAN MIJ!
HUH?!?

Het water zit vol *KWALLEN,* oom Donald, dus kunnen we er niet in zwemmen! Waren we maar thuisgebleven... Dan hadden we met onze vriendjes kunnen voetballen!
Waarom moeten we de hele dag naar het strand? Alleen omdat u uren in de zon wilt *ONTSPANNEN?*
Omdat ik hier de hele week naar heb verlangd! En jullie moeten mee omdat een stranduitje een *FAMILIE-TRADITIE* is!
Trouwens, al jullie vriendjes zijn aan de *ANDERE KANT* van die zandduin!
Ja, en zij *VERVELEN* zich ook!
Hallo, neef! Kun je mij vertellen wat je op *MIJN* zojuist gewonnen strand aan het doen bent?
!
Hallo, Guus!
Dit is nu *JOUW* strand? *ARGH,* ik had kunnen weten dat jij mijn weekend zou *VERPESTEN!*
Waarom zou ik jou hier *TOELATEN?*
Omdat in de zomer alle mensen naar het strand gaan en elke vierkante meter *BEZET* is!

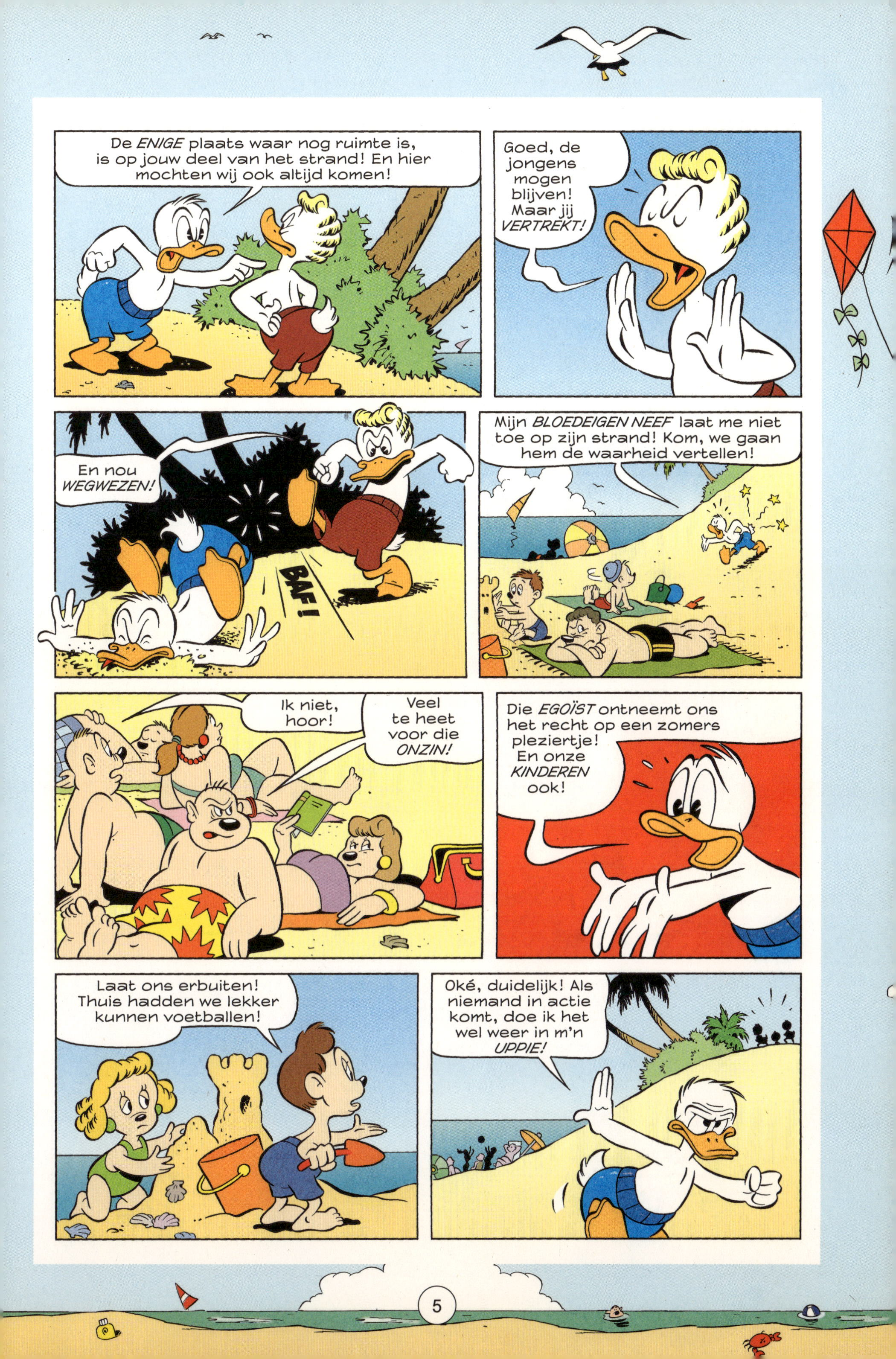

De ENIGE plaats waar nog ruimte is, is op jouw deel van het strand! En hier mochten wij ook altijd komen!
Goed, de jongens mogen blijven! Maar jij VERTREKT!
En nou WEGWEZEN!
BAF!
Mijn BLOEDEIGEN NEEF laat me niet toe op zijn strand! Kom, we gaan hem de waarheid vertellen!
Ik niet, hoor!
Veel te heet voor die ONZIN!
Die EGOÏST ontneemt ons het recht op een zomers pleziertje! En onze KINDEREN ook!
Laat ons erbuiten! Thuis hadden we lekker kunnen voetballen!
Oké, duidelijk! Als niemand in actie komt, doe ik het wel weer in m'n UPPIE!

Moeten we met hem meegaan?
Welnee! Hij komt heus wel terug! Dat doet hij altijd!
En als Donald écht terugkomt, ben ik hier om hem te vragen snel weer te vertrekken! GNIFFEL!
Een paar minuten later...
ZZZ...
Oom Donald zal nog wel even wegblijven! Zullen we een zandkasteel gaan bouwen?
ZUCHT! Konden we maar naar huis!
We hebben nat zand nodig, Kwek!
Komt eraan!
TJAK!
AAAAH!
AU! AU! AU! AU!

Proberen op mijn strand te sluipen onder een ZIELIG dekentje, hè!
De groeten, neef! En voor vandaag... NIET TOT ZIENS!
HIHI! Zo, die zet geen voet meer op mijn strand!
Dat betwijfel ik!
Ik ook! Niemand is zo hardleers als oom Donald!
HAHA! Dat is waar, jongens! Maar hij weet dat hij NIET van mij kan winnen! Waarom gaan jullie niet verder bouwen aan het zandkasteel?
ZUCHT! Konden we maar naar huis...
Neem me niet kwalijk, edele heer, maar bent u misschien de EIGENAAR van dit deel van het strand?
?
Eh...
Aangenaam kennis te maken! Ik ben de MAHARADJA VAN ABSURDISTAN!

Ik ben onlangs een JUWEEL op dit deel van het strand verloren! Ik zou u zeer dankbaar zijn als ik ernaar mag zoeken!
Als ik het vind, hoop ik dat u een paar duizend euro wilt accepteren als blijk van mijn dank!
Een paar DUIZEND?!
Natuurlijk! Waarom niet, maharadja? GRAAF maar een eind weg!
Dank u, edele heer!
HIHI! Vrouwe Fortuna heeft het goed met me voor! Jammer dat DONALD dit niet kan zien!
GRAAF! GRAAF!
Arme, arme Donald...
Wacht eens... Ik hoor geen graaf-geluiden meer!
KRIJG NOU DE HIK!

Als ik u was, zou ik weer gauw gaan *GRAVEN*, maharadja!
Ik *MEDITEER*, edele heer! Door hier te liggen, hoop ik in staat te zijn te *VOELEN* waar het juweel is!
GRMPF! Ik hoop voor u dat het werkt...
Weet u, het mediteren gaat waarschijnlijk beter als u mijn rug met zonnebrandcrème *INSMEERT!*
Goed dan! Maar ik ben bang dat ik straks *NIET* meer tevreden ben met een *PAAR* duizend euro!
GRMBL!
Doet die maharadja jullie ook aan iemand denken?
Zo! Klaar is Kees! En nu wordt het tijd dat uwe majesteit het juweel vindt!
HUH!?

Volg me, meneer de 'maharadja'! Ik wil u wat *BEZIENSWAARDIGHEDEN* tonen!
Kijk, dit is *MIJN STRAND!*
W-WAT GAAT U...
DIT is een emmer vol *ZEEWATER!*
SPLATS!
En *DIT* is mijn *NIETSNUT* van een *NEEF!*
OEPS!
Doe het volk van *ABSURDISTAN* de groeten, hoogheid!
BAF!
Die zien we niet meer terug! Na deze *VERNEDERING* geeft jullie oom er de brui aan... Zeker weten!
Ik rijd jullie wel naar de stad, jongens! Het heeft geen zin om hier langer te blijven!
JOEPIE! Bedankt, Guus!
BONK!

ALLE KIPPEN OP EEN STOKJE!
D-dat is een REUZENEI!
Hé, gozers! Ik ben orni... eh... ORNITHOLOOG en dat ei is van een heel ZELDZAME VOGEL! Kom niet te dichtbij!
Is dat zo? Dus dat ei is niet heel toevallig net door die HELIKOPTER gebracht?
EH...
En mijn neef heeft jou ook niet heel toevallig BETAALD, hè?
Nee, meneer, ik... eh... Misschien kunt u daar beter niet heen gaan...
AHA!
OEPS!
Weer zo'n onnozele truc! TOT ZIENS, NEEF!

Mooi dat ik dit prikkeldraad bij het huis heb gekregen om *ONWELKOME* gasten op afstand te houden!
Tjonge! Guus is helemaal klaar met oom Donald!
Kom mee, jongens! Ik wil jullie iets laten zien!
Kijk! Deze cv-ketel is verbonden met buizen onder mijn strand! Die *VERWARMEN* het zand als het buiten te koud wordt!
Voor het geval jullie oom tóch nog een plannetje bedenkt, zet ik deze maar op *MAXIMUM!*
MOOI ZO! Volgens mij zijn ze allemaal weg!
Nu kan ik eindelijk *ONTSPANNEN!*
SNIF, SNIF! Wat ruik ik toch?

WAK!
JIJ!
Begin je al een beetje te ONTSPANNEN, Donald?
Je vindt jezelf grappig, hè? Ik ben benieuwd hoe GRAPPIG je jezelf vindt als ik klaar met je ben!
BAF!
KLEDDER!
Oh! KORTSLUITING! Wat doen we nou?
Oh, oh!
YOW! AU! AU! AU!
AU! AU! AU! AU!
HIERHEEN! Hier zijn jullie veilig!
Het heeft geen zin! Ze schreeuwen zo hard dat ze ons niet horen!
Het zand is nu zo heet dat het begint te SMELTEN!

We moeten het zand blussen voordat het onze ooms echt te heet onder de voeten wordt!
Niet te geloven! Alleen die twee kunnen een strand vlam laten vatten!
HÉ! Moet je eens kijken!
Ik heb een parasol en strandlaken meegenomen, heb verschrikkelijke dingen meegemaakt... *EN WAARVOOR?*
Houd toch op, neef!
De volgende keer dat ik hierheen ga, neem ik mijn *ROLSCHAATSEN* mee!
uit

Mickey Mouse
RUST EN ONTSPANNING

Bedankt dat je me hebt meegenomen naar de skatebaan! Maar nu ga ik thuis een DUTJE doen!
Maar 't is nog vroeg! Moet je DAT zien!
Wat denk je van een ritje in de SNELSTE ACHTBAAN ter wereld?
SNELSTE ACHTBAAN TER WERELD!
DIE KANT
Ik ben echt aan RUST toe, Goofy! En ik weet waar ik daarvoor moet zijn!
UITGANG
DE IDEALE STRANDVAKANTIE!
VLIEG-REIZEN
EVEN WEG VAN DE DRUKTE!
Lekker luieren op het strand! Dat is nu het IDEALE AVONTUUR voor mij!
Voor één keer probeert Mickey opwinding te vermijden...
Mijn vrienden van het biljartcentrum houden een BALLON-RACE! Dat wordt vast spannend! Klim aan boord!
Sorry, Beuk! Ik vlieg vandaag nog naar een tropisch eiland om daar lekker te gaan ONTSPANNEN!
MICKEY MOUSE
113
Hé, Mickey! Heb je nog tijd om in Doc Statics observatorium naar de ZONSVERDUISTERING te kijken?
Nee! Ik ga NIET naar Doc Static en ik wil de zon alleen in ZEE zien ondergaan!
Ben je zo moe? Ik breng je wel naar 't vliegveld!

Aaah! Ik ben klaar voor een RUSTIGE vlucht! Ontspannen, dat is het enige wat ik wil!
K-kon IK maar ontspannen! Ik heb VLIEGANGST!
science-fiction
Dit is mijn eerste overzeese vlucht en ze hebben veel TURBULENTIE voorspeld! Ik weet niet of ik dit aankan...
Komt goed! Heb wat meer ZELFVERTROUWEN!
S-SLIK! Hoorde u DAT?
SWOESJ!
DOEF!
KADOEM!
IK WIL M'N MOEDERTJE! BIBBER! BIBBER!
Eh... rustig maar, meneer! Ik ben ook piloot en ik heb wel ERGERE VLUCHTEN meegemaakt!
KADOENK!
KADOENK!
Ik denk... dat ik... FLAUWVAL!
Nee, hè...
Ik bof dat jij er bent, maat!
Ja! Maar ik bof NIET! Zoiets als dit overkomt me nou altijd!

In het vakantie-resort is het niet anders...
EINDELIJK RUST! Lekker in je ligstoel naar volleybal kijken en van een koel drankje genieten!
Hallo! Ik ben SAM! Ik organiseer hier de ACTIVITEITEN en zorg ervoor dat niemand zich VERVEELT!
We hebben iemand nodig voor het VOLLEYBALTEAM! Iets voor u?
HUH? Maar ik...
Je doet het GEWELDIG, Mickey!
HIJG! V-vind je?
Ja, Sam! Ik weet... GAAP... dat dat een haai is!
Ik kom zo, Sam! Ik moet even... GAAP... een minuutje rusten!
De weerman waarschuwt voor een ORKAAN! Iedereen moet het water uit!
NU!
EEN ORKAAN!?
Sorry, mensen! Het wordt écht NOODWEER! Ik breng jullie naar een verblijf in het binnenland!
Niet te geloven... ik heb geen moment RUST!

NAAR BINNEN! De orkaan kan het eiland dagenlang teisteren! We zullen een tijdje in dit verschrikkelijk SAAIE oord moeten blijven!
SAAI?
EINDELIJK!
Tóch nog een happy end...
KREUN! Wat een vakantie, hè?
Te gek juist! Ik kwam hier om uit te rusten!
Of niet? Een dag later...
Hoeveel SPELLETJES hebben we al gedaan?
ZUCHT! Vierentwintig-honderd! Hoe kunnen we er zoveel gespeeld hebben?
De tijd vliegt als je PLEZIER hebt!
Sorry, maar nu VERVEEL ik me toch écht!
En dus...
Leuk idee om een MENSELIJKE PIRAMIDE te vormen, Mickey! Zo SAAI ben je niet!
Welnee! Ik houd van mijn rust, maar er gaat toch niets boven wat ACTIE! HAHA!
uit

Jungle-puzzel

Goofy gaat wildwatervaren! Maar dan heeft deze brokkenpiloot wel een reddingsvest, helm en peddel nodig. Hij heeft alleen geen idee waar hij ze gelaten heeft. Kun jij ze terugvinden? En hoeveel verschillende soorten bloemen tel je?

De oplossing vind je op bladzijde 143.

Donald Duck
Hebben jullie er nog niet genoeg van, jongens? Ik wil naar HUIS! In bad, tv-kijken, in m'n eigen bed slapen!
We zijn hier pas twee dagen, oom Donald!
D6774
U heeft beloofd dat we mochten kamperen als we waren overgegaan!
Na al die inspanning hebben we vakantie nodig!
Inspanning, POEH! Ik heb me vroeger ook nooit ingespannen op school!
U ging ook nooit over!
Doe geen moeite, Kwek! In deze stemming is hij niet meer voor rede vatbaar!
We moeten iets verzinnen waardoor oom Donald hier wil blijven! En ik heb een GOUDEN idee...
Vertel op!
En zo, even later...
Ik heb mijn rugzak gepakt... Hé, wat netjes! Zijn jullie de afwas aan 't doen?
Nee, oom Donald...
...we zoeken naar GOUD!
Volgens ons handboek werd dat hier vroeger gevonden, en zo'n goudklompje zou 'n leuk aandenken zijn!
HA! HA! HA! Denk je nou echt dat goud zomaar in de vrije natuur voor het oprapen ligt?

Ik dacht toch echt dat ik daarnet iets zag glinsteren in het water!
En waar komt goud anders vandaan?
Tja, meestal staan er zinnige dingen in dat boek van jullie! En tenslotte is oom Dagobert zijn carrière ook als goudzoeker begonnen!
Met een beetje geluk word ik net zo rijk als hij!
Oom Donald trapt erin!
Die goudzoekerij houdt hem nog wel een poosje bezig!
En wij kunnen intussen lekker luieren en van de natuur genieten!
Die avond laat...
Bah! Geen stofje goud te vinden! Als er ooit wat in die beek heeft gezeten, is dat al lang geleden ingepikt door iemand anders!
Verder zoeken heeft geen zin, jongens! Morgen gaan we weer naar huis!
Hè, bah! Nee!
Oom Donald zou 't langer volhouden als hij een beetje goud zou vinden! Maar hoe komen we aan goud?
We kunnen ook iets anders gebruiken...
En zo...
Onze koperen olielamp! Die komt nou mooi van pas!
Oom Donald ziet nooit het verschil tussen *KOPER* en *GOUD!*
Zelfs *IK* zie geen verschil!
SCHRAAP! SCHRAAP!

De volgende ochtend...
Zo! Hebben jullie je spulletjes gepakt? Dan kunnen we vertrekken!
HÉ! Is dat zonlicht dat weerkaatst in het water? Of...
... GOUD! GOUD!
GOUD! GOUD! Ik heb het zelf gezien!
Grutjes! Is het heus?
Jazeker! Hiero! Kijk maar! Dit is al een FORTUIN, en er is nog veel meer!
Tjonge! Dan had ons Woudlopers Handboek toch gelijk!
Hé! Had iemand het over GOUD?
Huh?
Die eend heeft GOUD gevonden in het beekje!
Wegwezen! Het is allemaal van mij!
GOUD?

Niet veel later...
Niet dringen!
Er is genoeg voor iedereen!
VRRROEM!
RAKKE TAKKE TAKKE TA!
Oom Donald! Jullie verwoesten de natuur!
Er is een complete goudkoorts losgebarsten!
Wat staan jullie nou te koekeloeren? Help liever mee!
Wij?
Geloof ons, er is hier helemaal geen goud te vinden, oom Donald!
Onzin! Je denkt toch niet dat al die mensen hier *VOOR NIKS* staan te werken?
RAKKE TAKKE TAKKE!
We willen naar *HUIS!* Het is hier helemaal niet meer leuk!
Naar huis? Terwijl de rijkdom hier voor het oprapen ligt? Jullie maken 'n grapje!
VROEM!
En zo...
Wie heeft er nog meer goede ideeën? Bijvoorbeeld hoe we aan oom Donald kunnen vertellen dat we hem hebben gefopt?
VRROEM!
Nog niet voor al 't goud van de wereld! Mijn voeten doen al zeer als ik eraan denk!
uit

De grote Boze Wolf
Gaat u nu alweer naar een vergadering van de Booswichten-club?
Ja, maar je hoeft je geen zorgen te maken! We doen heus GEEN dingen die WEL mogen! Heh! Heh!
WMM82-04
Dat kattenkwaad is nog tot daaraan toe! Waar ik me drukker over maak, is wat er gebeurt als hij THUISKOMT!
Als vader een vergadering heeft gehad, heeft hij altijd NACHTMERRIES! En het slaapt erg onrustig als de veren in het rond vliegen!
Ik ga maar eens kijken bij het club-huis! Misschien kom ik er dan achter waarom vader die enge dromen heeft!
PAS OP! U NADERT HET BOOSWIGTE KLUPHUIS!
Lieve help! Het dak vliegt er bijna af!
KLUPHUIZ FAN DE BOOSWIGTE

Dus dit noemen ze nou vergaderen bij de Booswichten? Wat 'n keet, zeg!
BAF!
HAP!
VOORZITTER
Maar volgens mij is DAT niet de reden van vaders nachtmerries!
BONK! BONK!
RAMMEL!
Hé, wat is dat nou?
RIJDENDE SNACKWAGEN
EET BIJ MENEER BEER DAT SMAAKT NAAR MEER!
AHA! Nu begrijp ik waarom vader zo eng droomt! Hij eet steeds te veel voordat hij gaat slapen!
Niet bellen, meneer Beer! Wacht even...
Maar dan horen ze toch niet dat ik er ben?
Haringen, hotdogs, limonade! Meneer Beer heeft ALLES!
TINGELINGELING!
Ik wil me er niet mee be...
Drie hamburgers met friet!
Mag ik een zoete haring! Met sambal!
Doe mij maar een kroket!
Hé! Kunnen jullie niet uitkijken?
Voor mij nog een hotdog! En 'n flesje appelsap!
SMEK! SMAK! HAP!
Ongelofelijk!

Jij hebt het briefje voor meneer Beer, hè Midas?
Zo, dat was lekker! Nu kunnen we er weer even tegen!
Ja! Alsjeblieft, sufferd... eh... meneer Beer, bedoel ik!
Huh?
Ik wist helemaal niet dat de Booswichten geld hadden!
Dat hebben ze ook niet!
Ze betalen me elke avond met een STUKJE CLUBHUIS! Kijk maar, Wolfje!
AAN MENEER BEER, ONZE FRIENT HI!HI! FAN DE BOOZWIGTEN 2,5% IJGENDOM FAN ONS KLUPHUIS GETEKEND MIDAS WOLF EN DE REST
Ze denken dat ze slim zijn, maar het zal niet lang meer duren en IK ben de bezitter van hun HELE clubhuis!
Hoeveel van die briefjes heeft u al gekregen, meneer Beer?
Dat weet ik niet precies, maar het is intussen al een hele stapel geworden! Kijk maar!
Zal ik ze 'ns even voor u optellen?
Als je dat zou willen doen, graag! Ik wil zelf ook wel 'ns weten hoeveel briefjes ik nog nodig heb om eigenaar te worden!

Even later heeft Wolfje alle briefjes geteld...
Alles bij elkaar opgeteld bent u voor tweehonderdtien procent eigenaar van het clubhuis!
Oh... hoeveel heb ik er dan nog nodig?
Geen een! Volgens de briefjes is het pand van de Booswichten al meer dan twee keer van u! Ze hebben u al weken bedrogen!
Wat een rotstreek! Dat ga ik ze betaald zetten!
ALLEMAAL ERUIT! Dit clubhuis is van MIJ en van niemand anders! En laat ik jullie hier nooit meer zien! BEGREPEN?
Help!
Meneer Beer, wacht! Ik heb een beter idee!
Het is hierbinnen een BEESTENBENDE! Waarom laat u ze niet... PSSST en PSSST...
Goed idee, Wolfje!
En zo...
SCHROB MIJN VLOER! VERF DE MUREN! REPAREER HET DAK!
EN LAP MIJN RAMEN!
POETS DE KACHEL!
KLUPHUIZ FAN DE BOOSWIGTE
Het is voor vaders eigen bestwil! Als hij na dat eten flink wat werk verzet, kan hij vanavond eindelijk weer rustig slapen!
Later, die nacht...
ZUCHT! Vader is naar bed gegaan met een LEGE maag en nu kan ik NOG niet slapen! 't Is ook altijd wat!
Maar gelukkig is zijn knorrende LEGE maag minder erg dan de nachtmerries met een VOLLE maag! En da's een hele troost!
RAMMEL!
uit

TOKKIE TOR
Er staat weinig interessants in de krant... Ik denk dat ik maar een dutje ga doen!
GAAP! Ik heb slaap...
WDC 58
TIK! TIK! TIK!
Hm? Wie maakt er zo'n lawaai?
Het is BO! Zeg eens, waarom ben je zo opgewonden?
Vlug, Tokkie! Kom eens kijken wat ik gevonden heb!
Ik zag hem toevallig voorbij komen dansen op de wind, en als de bliksem greep ik het touwtje en heb ik hem vastgebonden! Hopelijk is-ie er nog...
Ik begrijp er niks van! Hopelijk is WAT er nog?
Wacht maar af! We zijn er bijna!
Daar is hij!
Asjemenou! Een BALLON!
Hij is hartstikke mooi, Bo! En zo GROOT! Maar wat ben je er nu mee van plan?
Ik heb het ZWERVEN in mijn bloed, Tokkie! Ik heb al heel wat van de wereld gezien! Over land en over zee ben ik geweest, maar één plek heb ik nog nooit bezocht... HET WIJDE LUCHTRUIM, HET BLAUWE FIRMAMENT!
Ga met me mee, Tokkie...
...dan stijgen we samen naar grote hoogte, in mijn nieuwe ballon!

Vliegen lijkt me fantastisch, Bo! Maar ik heb weinig zin om aan zo'n dun draadje te bungelen!
Maak je geen zorgen! Ik zorg ervoor dat deze ballon van alle gemakken wordt voorzien!
Hoe dan?
Daarvoor hebben we wat spulletjes nodig: een *TOUW* en een *MANDJE!*
Ongetwijfeld kunnen we alles wat we zoeken hier op de vuilnisbelt vinden!
Zie je wel! Kijk eens aan: een bijna nieuwe *CITROENSCHIL!*
Een *CITROENSCHIL?* Wat moeten we daarmee?
Dat merk je wel!
Eerst zoeken we verder naar een touw!
HIER ligt een lang touw, Bo! Maar ik krijg het niet mee!
Prachtig! Dit is meer dan genoeg!
Hoe krijgen we dit bij de ballon?
Zie je die grazende *PAARDEN-VLIEG?* Als 't me lukt om hem te vangen, zal dat beestje de citroenschil voor ons verslepen!

Met behulp van deze krachtpatser duurt het niet lang meer of we kunnen het luchtruim kiezen! Binnenkort zweven we boven Timboektoe, of Verweggistan!
De dappere, kleine insecten werken uit alle macht, tot de schemering begint te vallen...
...en zelfs tijdens de lange uren van de nacht werken ze door ...
De volgende morgen bij het ochtendkrieken zijn ze uitgeput. Hun handen zijn ruw en vol blaren... maar hun luchtschip is klaar om te vertrekken!
Welkom aan boord, kameraad! Onze expeditie door het hemelrijk kan beginnen...
Als we ballast overboord gooien, stijgen we op!
JIPPIE! Op weg naar de wolken!
Zo hoog ben ik NOG NOOIT geweest! De mieren lijken wel vlooien! Hoe ver zou het zijn naar de grond?
Heu... misschien merk je dat sneller dan je lief is! Onze reis zou wel 'ns een onverwacht einde kunnen krijgen!
Die grote vogel heeft het op ons voorzien, Tokkie!
Als die met zijn snavel een gat in de ballon prikt, storten we neer!

Kijk Bo, we gaan net over een boom!
Geef me vlug het anker aan!
En nu maar hopen dat ik succes heb met hengelen!
BEET! Snel nu! Onze enige hoop is dat we veilig op een tak belanden!
Maar de beide kleine insecten missen de tak en tuimelen omlaag... DWARS DOOR DE BOOM!
Gelukkig komt er een einde aan hun val en ze komen in iets zachts terecht...
PLOF!
Dat is boffen! We zijn in een VOGELNEST gevallen!
LIEVE HELP! Dat is helemaal niet boffen! We moeten hier weg zijn vóór die vogel thuiskomt! Anders peuzelt-ie ons op!
OEF! Ren voor je leven! Daar komt-ie aan!

Daar! Een gat! Deze boom is *HOL!* Rennen Tokkie, dat is onze enige kans!
We zitten hier als ratten in de val, Bo! Die vogel laat ons nooit meer naar buiten!
Geef de hoop nog niet op, Tokkie! Misschien heeft dit hol nog een andere uitgang!
Kijk! Een holle tak! Aan het eind vinden we misschien een weg naar buiten!
En zo kruipen ze door de holle tak...
Nog steeds geen uitgang te bekennen!
Toch wel! Bo, je had gelijk...
...daar in de verte zie ik *LICHT!*
HOERA! Onze problemen zijn voorbij! We zijn in veiligheid!
Help eens, Bo! Ik zit vast in deze draden!
Ik ook! We zijn uilskuikens, Tokkie! We hebben ons weer in de problemen gewerkt!
WE ZITTEN VAST IN EEN SPINNENWEB!
Kijk nou wat jullie doen! Dit was 't mooiste web dat ik ooit heb gemaakt! En jullie hebben er 'n *WARBOEL* van gemaakt!
EEN HELE DAG heb ik erop gezwoegd! En moet je nou eens kijken!

Helemaal kapot! Alles aan flarden! Nu kan ik alle hoop om die *BALLON* te vangen wel vergeten!
Een *BALLON?*
Ja! Gisteren vloog er een heel mooie voorbij! Ik wilde hem in mijn web vangen, want mijn allerliefste wens is om ooit in een ballon te vliegen!
Dan kunnen wij je wens vervullen! Dat was *ONZE* ballon, en we hebben hem verankerd aan deze boom!
Je mag hem hebben, als je Bo en mij helpt!
Onze vrienden ruilen de ballon voor twee parachutes van spinnenzijde...
Ze zijn bijna klaar!
Mooi! Dan kunnen we gaan!
Bedankt voor de ballon!
HOEPLA!
Daar hou ik wel van: een spin die bij het woord 'vliegen' alleen aan 'vliegen door de lucht' denkt, en niet aan 'vliegen als lunch'! Hij had ons net zo goed op kunnen peuzelen!
Hopelijk heeft spinnenmans meer succes met zijn vliegerij dan wij...
...want voor ons zit de trip er al weer op! Wij hebben genoeg gezien van de hogere luchtlagen!
En we hebben geleerd dat er niks zo prettig is als *VASTE GROND ONDER DE VOETEN*, wat jij Bo?
Zo is het ...*AU!*
PAF!
Uit

Madam Mikmak
D 3780
VLIEGVELD DUCKSTAD
Oei! Die douane-aap wil natuurlijk in mijn koffer snuffelen!
UITGANG
DOUANE
Heeft u niets aan te geven, mevrouw?
Nee, meneer, niets! Mijn koffer is LEEG!
Leeg, hè... Daar geloof ik NIKS van!
Nou, omdat u zo aandringt...
Puh! Die koffer is LOODZWAAR! U maakt mij niet wijs dat...
KAZAM!
Hè? Hij IS leeg!
Hihi! Wat heb ik u gezegd?
VLIEGVELD DUCKSTAD
?
DOUANE
U mag mijn bagage altijd doorzoeken, hoor! Geen enkel probleem!
uit

Zomer-editie!

Volg ons ook op Twitter via @Duckstadkrant.

DUCKSTAD KRANT

• Stadsblad van Duckstad en omstreken • ANNO 1969 • zomer-editie - 2017 •

KAMPEREN OP EIGEN KOSTEN

Van de Reisredactie – Iedereen heeft in deze drukke tijden behoefte aan rust en ontspanning. Zo ook de rijkste eend ter wereld, Dagobert Duck, die voor het eerst van zijn leven op vakantie gaat. "Even de boel de boel laten en lekker kamperen," aldus de gigaveeljardair, "daar ben ik echt aan toe!" Even leek het plan niet door te gaan: "Een camping kost soms al vijftien euro per nacht!" Duck heeft daarom zijn tentje opgezet in zijn eigen geldpakhuis: "Zo blijf je een beetje op je geld zitten en kun je gelijk thuis een oogje in het zeil houden. Een win-winsituatie!"

Tokkie Tor, ook wel Prins Pingpong genoemd, kreeg al snel het heen-en-weer van deze slachtpartij.

TOKKIE TOR KANSLOOS

BRIJMUIDEN – Elke zomer houdt camping De Zandhap een reusachtig tafeltjetennistoernooi voor alle kampeerders. Sinds 1988 is het traditie dat Tokkie Tor met de beker naar huis gaat, want hij heeft nog nooit een potje verloren. Zelfs niet van vliegensvlugge vliegen. Maar dit jaar stond Dirk Duizendpoot op de camping, en die besloot zich ook in te schrijven voor het toernooi. Tokkie Tor: "Het is niet eerlijk! Zelfs als Dirk gewoon stil bleef staan, kwam het balletje snoeihard terug!" De duizendpoot heeft uiteindelijk gewonnen met 18-0.

TUINTREKTOCHT GROOT SUCCES

Door Freak Vonk – Duckstad heeft er een nieuwe natuurattractie bij. Toen onze stadgenoot Goofy laatst (op aandringen van zijn buren) zijn tuin ging opknappen, raakte hij verdwaald in het onkruid. "Ik wist gelukkig de weg terug te vinden door op de geur van mijn groenbak af te gaan, die al een jaar of twaalf ongeleegd bij de

achterdeur staat," vertelt Goofy. "Toch vond ik het best wel spannend. Ik kwam van alles tegen, zoals een oude wasmachine, twee bevers die bezig waren een dam aan te leggen in de vijver en zes fietsbanden. Zo kwam ik op het idee om ontdekkingsreizen in mijn achtertuin te organiseren." Naar verluidt staan de deelnemers in de rij. "Iedereen mag meenemen wat hij wil en zo ruimt het meteen lekker op," aldus de tevreden trektochtondernemer.

EEN HOBBY VOOR
Oom Dagobert
Nou nou, u ziet er slecht uit, oom Dagobert!
ZUCHT! Zo voel ik me ook, Donald! De laatste keer dat ik zo beroerd was...
D9884
...was toen ik ooit een STUIVER had verloren!
U moet eens 'n bezoekje aan de dokter brengen!
KREUN!
Even later...
Hm! 'n Zorgwekkend geval! Ik hoop dat het niet te laat voor hem is!
SLIK!
Als u uw oom uit z'n jasje helpt, zal ik hem eens onderzoeken!

Hoest u eens!
HARGGGG!
IEKS! Uw longen mankeren in elk geval niks!
Uw reflexen zijn ook in orde!
AUTSJ!
PAF!
TOK!
Aan uw oren zie ik ook niks vreemds!
En een gezondere huid tref ik zelden!
En zo...
Lichamelijk is uw oom zo gezond als een vis! Het is 'n PSYCHISCH probleem!
Ai! Ai!
Ha! Ha! Maakt u zich geen zorgen! Het enige dat hij nodig heeft, is een HOBBY!
Dat leidt de aandacht af van zijn dagelijkse problemen!
DR. UK
Bedankt voor uw goede raad, dokter!

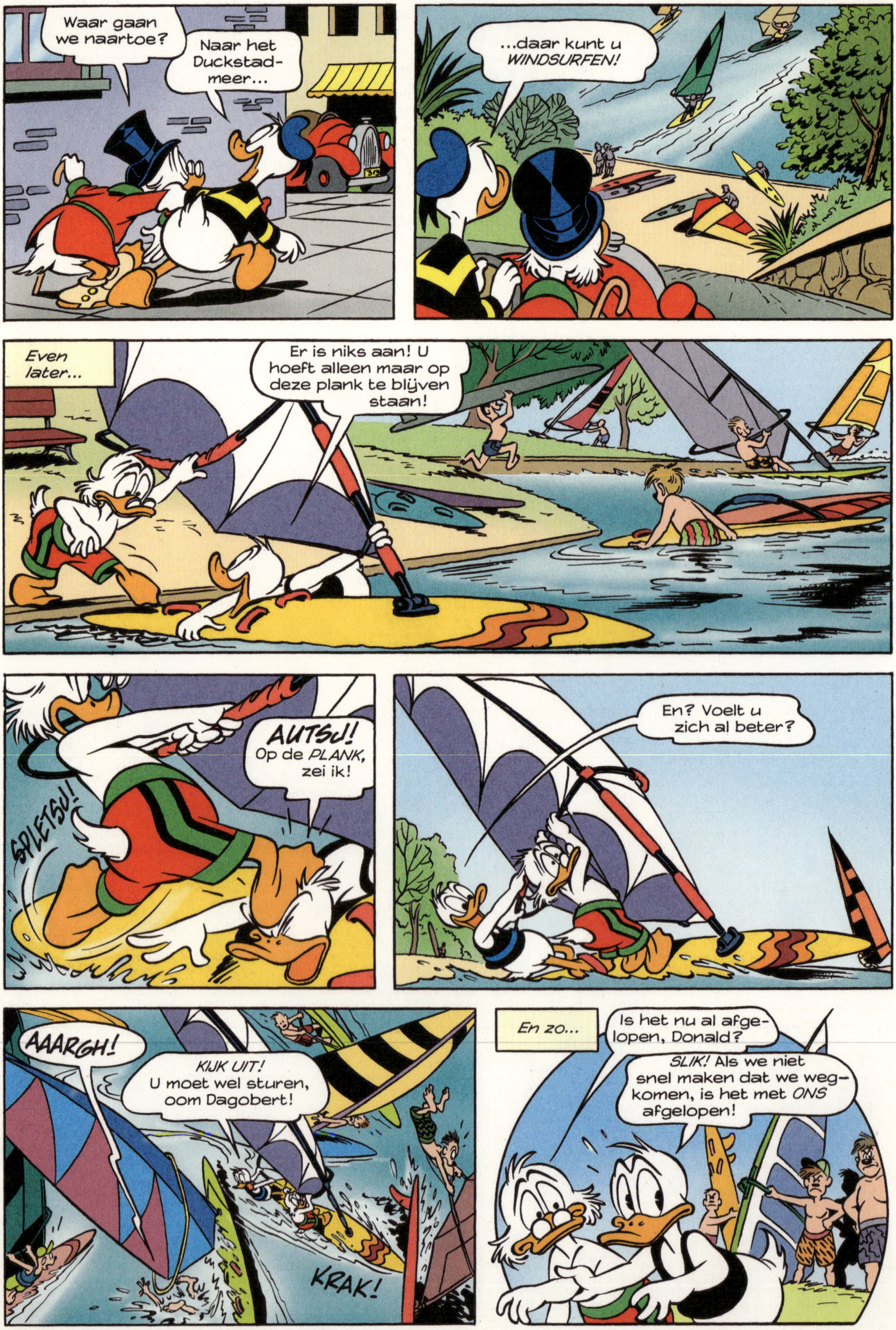
Waar gaan we naartoe?
Naar het Duckstad-meer...
...daar kunt u WINDSURFEN!
Even later...
Er is niks aan! U hoeft alleen maar op deze plank te blijven staan!
AUTSJ! Op de PLANK, zei ik!
SPLETSJ!
En? Voelt u zich al beter?
AAARGH!
KIJK UIT! U moet wel sturen, oom Dagobert!
KRAK!
En zo...
Is het nu al afgelopen, Donald?
SLIK! Als we niet snel maken dat we weg-komen, is het met ONS afgelopen!

In Duckapulco vindt u vast wel 'n leuke hobby!
Zou je denken, neef?
VROARRRR!
Maar zelfs...
HOTEL EXPENSIVO
Dit hotel heeft alles wat een miljonair zich maar kan wensen!
...de genoegens...
Voelt u wat voor een partijtje tennis?
Nee, dank je! Als ik MOE wil worden, dan toch liever van iets nuttigs!
...van Duckapulco...
Leuk zwembad hier!
Hoezo leuk? Elkaar natspatten, wat 'n flauwekul!
...weten oom Dagobert...
Diepzeeduiken, is dat niks voor u?
Ik zit DIEP genoeg in de put!
...niet te boeien...
'n Spelletje golf?
Doe me 'n lol! Als je 'n bal in 'n gaatje wilt hebben, is golfen wel de ONHANDIGSTE manier!

De volgende dag...
Vooruit, oom Dagobert! Gooi uw hengel uit! Het zit hier vast tjokvol VIS!
Omdat je zo aandringt, Donald!
GRRR!
TWOIIING!
O-oom Dagobert! U heeft BEET!
Haal 'm binnen, oom Dagobert! SNEL!
ZUCHT!
WAUW!
ZOEFFF!
Nu u zo'n joekel gevangen heeft, kan uw vakantie niet meer stuk!
Die vis ziet er precies zo uit als IK me voel!
Ik geef het op! Het is ONMOGELIJK u ergens voor te interesseren!

U bent een HOPE-LOOS geval!
?
Wat is dat voor 'n ding?
Dat is een ME-TAALDETECTOR!
Zodra ik ermee in de buurt van metaal kom, begint hij te piepen!
BIEP!
BIEP!
Kijk, hij heeft een muntje gevonden!
TJONGE! TWEE EURO!
Ik wil die detector! Is €500,- voldoende?
Nou en of! Het duurt weken voor ik zoveel geld bij elkaar gezocht heb!
?
Dit is 'n leuke manier om de vakantie door te komen!
En zo...
HA! Weer tien cent!
Hi! Hi! Oom Dagobert is de enige die zich pas ONTSPANT, als hij zich INSPANT om geld te verdienen!
Uit

Knabbel en Babbel
Wat is het HEET, zeg! Ik ga bijna van m'n stokje!
Zelfs stilzitten is al vermoeiend!
D91389
Toch moeten we zo op notenjacht, anders hebben we geen avondeten!
Konden we maar wat noten THUIS laten bezorgen!
Kom 'ns kijken, Babbel! Ik geloof dat ik een ideetje heb!
HIJG!
ZUCHT!
STEUN!
Waarom laten we ANDEREN geen noten voor ons zoeken?
Hoe bedoel je?
HIJG!
ZUCHT!
HIJG!

We beginnen gewoon een HOTEL! Met al die toeristen kunnen we een fortuin verdienen!
We moeten de boel wel een beetje opknappen!
En de ingang zal wat uitnodigender moeten worden!
Even later...
BENG! BENG!
Zo! Het zonnescherm is klaar!
Dat werd tijd ook! Volgens mij is zo'n verbouwing meer werk dan noten zoeken!
Klaar is Kees! Vier extra bedden voor vakantiegangers!
Nu moeten we alleen nog reclame maken!
Dat we hier niet eerder aan hebben gedacht!
BOSHOTEL
SLECHTS TWEE NOTEN PER OVERNACHTING! PRACHTIG UITZICHT!
Joehoe! Is dit het Boshotel?
Hé! Onze eerste gast is in aantocht!
Mooi! Dat betekent dat er ook twee NOTEN aankomen!

Hallo! Ik zag dat ik hier kan overnachten! Mag ik de kamers even zien?
Eh...
Maar...
Hm... dit ziet er wel knus uit!
KRAK!
KGRR!
Wacht even!
Pas op!
AUW!
BAF!
AUTSJ!
Leuke kamer! En omdat-ie maar twee noten per nacht kost, blijf ik twee weken!
Ik had het allemaal toch wat anders voorgesteld!
Hij ligt zelfs op ONZE bedden!
ZZZ! GROOOOH!
Fantastisch, Knabbel! Je NOOTPLAN is mislukt! Heb je misschien ook een NOODPLAN?
ZZZZZ!
Uit

Pas op!

"Dag, klein babykrabje! Ik ben heus niet bang voor jou," grapt Donald. Maar hij heeft geen idee wie er achter hem steeds dichterbij komt... Verbind de puntjes en jij ziet het wel. En, eh, vergeet je Donald niet te waarschuwen?

De oplossing vind je op bladzijde 143.

Willie Wortel
D3804
Dank je, Lampje! Je bent altijd een grote hulp voor me!
Wacht 'ns even! Als ik naast Lampje ook een GROOT LAMPJE maak, heb ik nóg meer hulp!
HAMER!
SCHROEF!
SLEUTEL!
Even later...
Niet gek, al zeg ik het zelf!
POK!
Moet je zien hoe goed hij het huishouden doet! Fantástisch!
BZZZ!
Ben je NU al terug? Ongelofelijk! Je bent zo snel als de bliksem! Ha! Ha! Ha!
Vaarwel! Lampje

Hé, kleine vriend! Waar ga JIJ nou naartoe?
Hm... Ik heb er niet bij stilgestaan dat Lampje zich wel 'ns overbodig kon gaan voelen!
En zo...
...en daarom wil ik deze robot, die geschikt is voor élk karwei, aanbieden aan de gemeente! Helemaal gratis!
BURGEMEESTER P. PUR
Gratis? Wat aardig, Willie! Ik ben gek op cadeautjes!
Even later...
Geweldig! Hij lijkt me echt een aanwinst voor de stad!
Ja, toch? Hij klaart alle klusjes! Groot en klein!
Hé, het begint te regenen!
Laten we schuilen onder die boom!
Oh, nee! Het gaat nog onweren ook!
ROMMEL!
Ja! Maar u ziet het... Weer of geen weer, Groot Lampje gaat gewoon door met z'n werk!
KABOEM!
SLIK! Hij is getroffen door de bliksem!
ROMMEL!
BZZZ!!

ROMMEL!
BOEM!
BOEM!
Oh, nee! Als hij nu maar niet kapot is!
KRAAAK!
Alle steekpenningen! Hij trekt een boom uit de grond!
SLIK!
KREASJ!
BONK!
Hij sloopt het hele park! Zet die uit z'n krachten gegroeide gloeilamp UIT! VLUG!
J-ja... n-natuurlijk!
Als ik aan dit schroefje in z'n rug draai, dan...
KRRG!
AU! Dat laat-ie niet toe!
BOF!
Laat mij maar even!
Als iemand weet hoe hij in elkaar zit, ben IK het!
P
Lieve help! Die auto's! En wat doet Lampje nu?

KREGS!
KLONK!
M'n nieuwe wagen!
Als aan het licht komt wie hier verantwoordelijk voor is, sloop ik *HEM!*
Zorg ervoor dat die op hol geslagen vandaal ophoudt, Willie! *NU!*
Maar *HOE* dan?
Laat dát maar aan mij over!
KRK!
Goed gedaan, Lampje! Als ik jou toch niet had! Je bent *ONVERVANGBAAR!*
Deze uitvinding is toch niet zo goed als ik dacht! We kunnen Groot Lampje maar beter mee terug naar huis nemen...
...want ik geloof dat de mensen hier niet écht blij met ons zijn!
Nee! Blijven jullie voortaan maar lekker *BINNEN!*
En zo...
Zo Lampje, met een paar kleine aanpassingen hebben we toch nog een hoop plezier van je grote broer!
Bovendien heb ik geleerd dat *GROTER* niet altijd *BETER* is! "Klein maar fijn" is mijn nieuwe motto!
Uit

Donald Duck
GEKLUNGEL IN DE JUNGLE

Vroeger draaide de economie van ons land volledig op de uitvoer van ingeblikte bananen! Maar nu willen we ook andere markten zoals toerisme aanboren, want de vraag naar onze bananen is drastisch afgenomen!
Alleen in DUCKSTAD zijn ze niet aan te slepen! Daar woont iemand die ze per veertig blikken tegelijk koopt! Hij zal ze wel niet allemaal op 'n rijtje hebben!
Nu hoort u het 'ns van een ander!
Alstublieft, dit is een plattegrond van de stad en de omgeving! Dan kunnen jullie een paar leuke uitstapjes maken!
Veel plezier, jongens! En als jullie vragen hebben, komen jullie maar!
De eerste toeristen! Weten jullie wat dat betekent? Dat ze hier nog nooit van een SNACKBAR gehoord hebben!
Om van een pizzeria nog maar te zwijgen! BAH!
Nu is het afgelopen met dat gezeur! Er zijn kinderen die NOOIT op vakantie kunnen!
We hoeven ons hier niet te vervelen, jongens! We kunnen een bananenplantage bezoeken of naar het Bananenmuseum of...
Ik kan het woord bananen niet meer horen! Als het zo doorgaat, stop ik ze in m'n oren!
Hé! Maar DAT is interessant!
Onder de stad schijnt een eeuwenoude tunnel te liggen van wel tien kilometer lang! Daar moeten we zeker een keer naartoe, jongens!
DOUANE
Laten we om te beginnen naar de HAVEN gaan! Da's altijd interessant!
UITGANG CENTRUM

Alle bananen-bomen!
Een KLEIN stukje lopen?
BANANEN (OP SIROOP)
INGEBLIKTE BANANEN
BANAHAMA BANANEN
BANANEN OP STERK WATER
Het is minstens TIEN KILOMETER! Volgens mij moeten we dit drukwerkje met 'n korrel zout nemen! Er klopt niets van!
Ik kom precies op het juiste moment, hoor ik!
Carlos Sandalos, aangenaam! Ik ben de eerste en enige GIDS van deze stad! Zal ik jullie een rondleiding geven?
Ik heb niemand nodig om de weg te vinden!
BANANEN UIT BLIK EET ZE BIJ DICK
Wat moeten we nou met een gids als ik een boekje heb waar ALLES in staat! Dat zou je reinste geldverspilling zijn!
Maar u zei zelf dat uw boekje geen betrouwbare informatie bevat! Bovendien wil ik u iets HEEL BIJZONDERS laten zien - iets dat niet in dat boekje staat!

Diep in het oerwoud verscholen ligt een *OUDE NEDERZETTING!* Zéér de moeite waard om te bezoeken! Maar daar hebben jullie wel een *GIDS* bij nodig!
Een oude nederzetting? Wat interessant! We gaan graag op uw aanbod in!
Wacht!
Ga alsjeblieft niet met hem mee! In de jungle is het *LEVENSGEVAARLIJK!* Het wemelt er van de enge dieren zoals alligators en slangen!
Doe het niet! U zet uw leven op het spel!
Onzin! Die paniekzaaier overdrijft! We komen hoogstens een geïrriteerde langpootmug tegen!
Mag ik uw handtekening? Ik wil de regering ervan overtuigen dat er een *WEG* moet worden aangelegd naar de oude nederzetting! Dan kan iedereen er *VEILIG* komen!
LEUGENS! Hij wil alleen dat die weg er komt om geld te verdienen! Hij is namelijk de enige wegenbouwer van dit land!
Het enige waar jij bang voor bent, Carlos Sandalos, is dat jij je baantje kwijtraakt! Als die weg er ligt, hebben de toeristen geen gids meer nodig! Geef maar toe!
Dat is niet waar, Manuel Zoab!
Nou, nou! Nu begrijp ik waarom hier nooit toeristen komen!

Is het weer zover? Waarom gaan jullie altijd met elkaar op de vuist?
Wat moeten onze gasten wel niet denken? Jullie gedrag is ronduit SCHANDALIG!
Weet u wat schandalig is? Dat hij een prachtig natuurgebied naar de knoppen wil helpen met een lelijk stuk asfalt!
Jullie weten echt niet van ophouden, hè!
Begrijp het dan! Het is veel te gevaarlijk om te voet door de jungle te trekken! Toeristen gaan veel liever met de AUTO! Vraag 't ze maar!
En nu is het genoeg!
Je kunt zeggen wat je wilt, maar op de Banahama's valt wel wat te beleven!
En nu is het afgelopen, rauwdouwers! Anders ga IK me ermee bemoeien!
Wij hebben jullie helemaal niet nodig! Geen gids en geen weg! Want we nemen gewoon de TUNNEL naar de oude nederzetting!
HA! HA! De TUNNEL! HA! HA! HA!
En wat is daar zo grappig aan?

Die tunnel bestaat helemaal niet! Het is een oude legende! Niemand heeft die tunnel ooit echt gevonden!
En deze reisgids dan? Daarin staat dat er wel degelijk 'n tunnel is!
Dat weet ik! Ik heb 'm zelf geschreven! Puur om toeristen te lokken!
ZUCHT... En die oude nederzetting die in de jungle verscholen ligt, is zeker óók een legende?
Nee! Die bestaat echt!
Echt? Geweldig! En hoe komen we daar?
Met de auto!
Lopend natuurlijk!
Weet u wat... waarom probeert u de nederzetting niet zélf te vinden, met behulp van deze kaart?
Dat zullen uw neefjes ook leuk vinden! Volgens mij houden die knaapjes wel van een beetje avontuur!
Zeker weten! Jonge Woudlopers gaan geen uitdaging uit de weg!
Ik leid jullie wel door deze wildernis, jongens! Ik ben een geboren kaartlezer!
En laat ik niet merken dat jullie ze weer lastigvallen! Begrepen?
Goed, goed... We laten ze met rust!

Later...
Als het goed is, komen we zo bij een pad dat naar de bergen leidt!
BWEH! Wat een trossen! Ik kan geen banaan meer zien!
Kijk! Ik heb het gevonden! En er staan VERSE VOETSPOREN! Dus er moet onlangs iemand overheen zijn gelopen!
Ja, WIJ! We hebben namelijk een RONDJE gelopen!
PSSST!
WAK! Een s-slang!
Rustig maar, jongens! Ik ben het! Ik wilde alleen jullie aandacht trekken!
Carlos! Had je niet gewoon "hallo" kunnen zeggen?
Niet zo hard praten! Niemand mag ons horen! Ik volg jullie nu al een tijdje en...
Hoe vaak moet ik nou nog zeggen dat ik geen gids nodig heb?
Goed! Als jullie liever uren blijven ronddwalen, moeten jullie dat vooral doen! Dit is mijn laatste aanbod: willen jullie een gids of niet?
Goed dan! Maar alleen om jou een plezier te doen!
Eerst moeten we door het bananenbos en dan een behoorlijk stuk door de bergen! Maar als we een beetje doorlopen zijn we over een uurtje bij de oude nederzetting!
Ik geloof nooit dat hij wél weet waar die ligt! Ik bedoel, als ik hem al niet kan vinden...

Even later...
Als ik het niet dacht! Die sluwe Carlos wil de eerste toeristen niet aan zijn neus voorbij laten gaan!
Hmm... Het lijkt erop dat we op de goede weg zijn, maar er gaat vast nog iets mis!
Inderdaad! Het kan zomaar gebeuren dat er een rotsblokje naar beneden rolt! Het oerwoud zit immers vol gevaren! Heh! Heh!
PAS OP!
RRROL!
GROTE GRUT-TEN!
Ga weg, oom Donald! Blijf daar niet staan!
I-ik kan niet! Ik ben verlamd van ANGST!
BOLDER!
POK!
PFIEUW!
Dat ging maar net goed!
Daar loopt Manuel! Hij zit hier natuurlijk achter! Het zou me niet verbazen als hij nog meer snode plannen in petto heeft!
Ondanks het dreigende gevaar, gaan de Ducks dapper verder...
We moeten zeker over die hangbrug, hè?

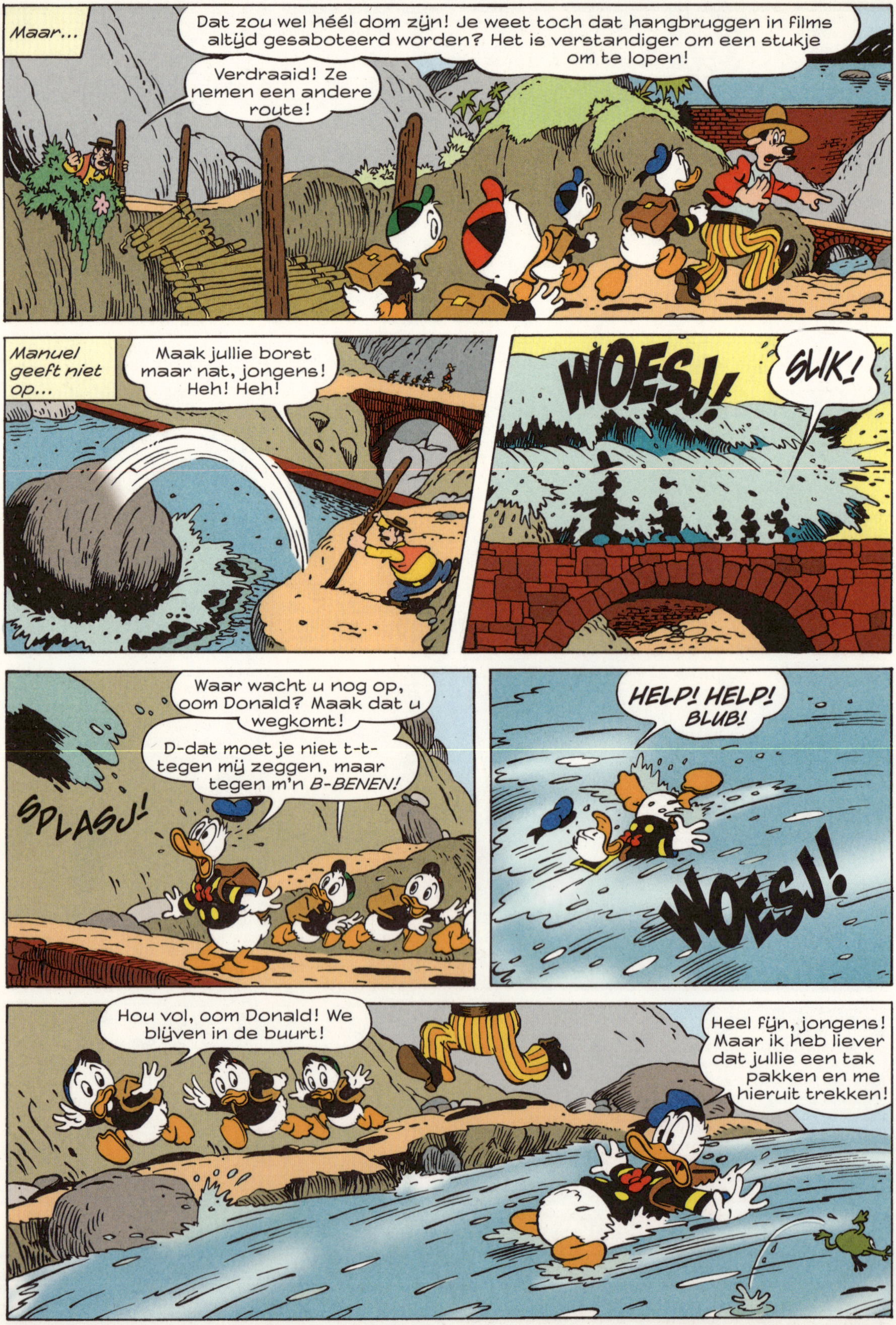
Maar...
Dat zou wel héél dom zijn! Je weet toch dat hangbruggen in films altijd gesaboteerd worden? Het is verstandiger om een stukje om te lopen!
Verdraaid! Ze nemen een andere route!
Manuel geeft niet op...
Maak jullie borst maar nat, jongens! Heh! Heh!
WOESJ!
SLIK!
Waar wacht u nog op, oom Donald? Maak dat u wegkomt!
D-dat moet je niet t-t-tegen mij zeggen, maar tegen m'n B-BENEN!
SPLASJ!
HELP! HELP! BLUB!
WOESJ!
Hou vol, oom Donald! We blijven in de buurt!
Heel fijn, jongens! Maar ik heb liever dat jullie een tak pakken en me hieruit trekken!

Wat een geluk dat *IK* toevallig in de buurt ben!
Pft!
Je hebt je niet aan de afspraak met de minister gehouden, Carlos! Je moest ze met *RUST* laten, weet je nog?
Dat moet jij nodig zeggen! Je hebt onze gasten bijna laten verdrinken! Ik wilde ze alleen *HELPEN!*
Jokkebrok!
Saboteur!
KLETS!
PATS!
BAF!
Ja hoor, als ik het niet dacht!
Ik heb jullie de hele tijd gevolgd en ik heb alles gezien! En ik moet zeggen dat ik diep teleurgesteld ben in jullie!
Ik neem jullie mee naar de oude nederzetting zodat jullie onze toeristen niet meer kunnen lastigvallen! Ze zijn prima in staat om *ZELFSTANDIG* de weg te vinden!
Laten we ze stiekem volgen! We vinden het nooit alleen!
Geen sprake van, Kwak! We zouden ons doel *OP EIGEN HOUTJE* bereiken! Wie A zegt, moet ook B zeggen!
Maar B is wel moeilijk!
ZUCHT!
Nog even volhouden, jongens! Volgens de kaart ligt de nederzetting vlak achter dit bos!

Oh, nee! Dit kan niet waar zijn!
BANAHAMA'S VLIEGVELD
Deksels, deksels, en nog 'ns deksels! Deze kaart klopt *OOK* van geen kant!
STAMP! STAMP! STAMP!
Ik begrijp dat u boos bent, maar met dat gestamp komen we geen stap... **AAAAH!**
Wat gebeurt er?
PLOEF!
Waar zijn we?
Geen idee! Het is aardedonker hier! Ik zal even 'n lucifer pakken...
Krijg nou wat! We zijn in een soort *TUNNEL* gevallen! En wat is dit voor zwart goedje? Het lijkt wel...
...OLIE! AU! Ik heb m'n vinger verbrand!
Wel heb ik ooit!
Gaaf!

Niet veel later...
Nou, onze eerste toeristen waren meteen de LAATSTE!
Ze zijn vast hopeloos verdwaald in de jungle! Die zien we nooit meer terug!
KRRRETSJ!
HUH?
Ongelofelijk! Ze hebben de legendarische TUNNEL ontdekt!
Dit is onze kans, Manuel! Als we samenwerken, kunnen we met deze tunnel bakken geld verdienen!
Daarmee zullen we duizenden toeristen per jaar trekken! Hoe kan ik jullie bedanken?
Twee weken later gaan de Ducks weer naar huis...
Ik hoop dat u 't naar uw zin heeft gehad, meneer Duck! We hebben nog een cadeautje voor u... een paar kistjes INGEBLIKTE BANANEN!
SANDALOS & ZOAB EXCLUSIEVE EXCURSIES
WAK! Dat had u nou niet moeten doen!
INGEBLIKTE BANANEN
INGEBLIKTE BANANEN
uit

Rakker
VOOR SPEK EN BONEN
Je moet je meer met de kinderen bemoeien! Met ze spelen, en af en toe streng zijn!
Heb je het begrepen, Rakker? En zullen we dan nu weer spelen?
Ja, papa!
YX 002
RINKEL!
Sorry, pap! Ik had hem bijna...
Geeft niets, jongen... Het was MIJN schuld... ZUCHT!
IK heb de ruit gebroken, niet Rakker! We speelden en...
Maar waarom moet het altijd zo RUW?
Zo was jij ook vroeger!
Toen was ik nog geen MOEDER!
Dus het ligt zeker weer allemaal aan MIJ! Nou...
Oh, schat!
...ik doe hier NIET voor spek en bonen mee!
Wat gaat hij nu weer doen?
Hoi! Waar is papa?
Ik weet het niet! Hij ging weg en zei alleen nog iets over spek en bonen!
LADY
Hij is vast op JACHT! Wanneer mag ik ook?
Nog lang niet! Ga maar op jacht naar je zusjes!
Hè, bah! Ik jaag liever op leeuwen en tijgers! Trouwens...

...ik weet toch al waar ze zijn!
Zou papa spek en bonen kunnen vinden, oom Jock?
Natuurlijk! Hij is een echte snuffelaar!
KNORRRRR!
Net op tijd!
Ja, en hier kan hij ons niet zien!
Dapper hè, dat papa op jacht is naar spek en bonen!
Nou en of! Vagebond lust ze rauw!
Hiermee hoef ik thuis niet aan te komen maar IK lust het best! HIHI!
Nu moet ik nog wat eten opscharrelen voor Lady en de puppy's!
12-1
HA! Onze vriend! Luigi, breng eens wat lekkers!

Hmm, thuis houden ze vast niet van spaghetti...
Hoi, Peg! Nog nieuws?
Ja, mevrouw De Vries bakt koekjes!
Hoe gaat het met jou?
Nou, ik ben nu een getrouwde hond en moet voor m'n gezin zorgen!
Oh, mevrouw De Vries heeft al visite!
Ja, ik kan beter ergens anders heen gaan...
Ik wil bewijzen dat ik aan de kost kan komen! Hé, wie zijn dat?
Hallo, jongens!
Onze ouwe makker!
Hé, maatje!
Hola, amigo!
...dus het getrouwde leven bevalt me prima! Biefstuk, botten in overvloed, 'n ruim hok... Beter dan vroeger!
Je kunt beter eten zoeken dan kletsen, Vagebond... Thuis wachten ze op je!
Het is al laat... Waar blijft Vagebond toch? Ik had niet zo op hem moeten mopperen!

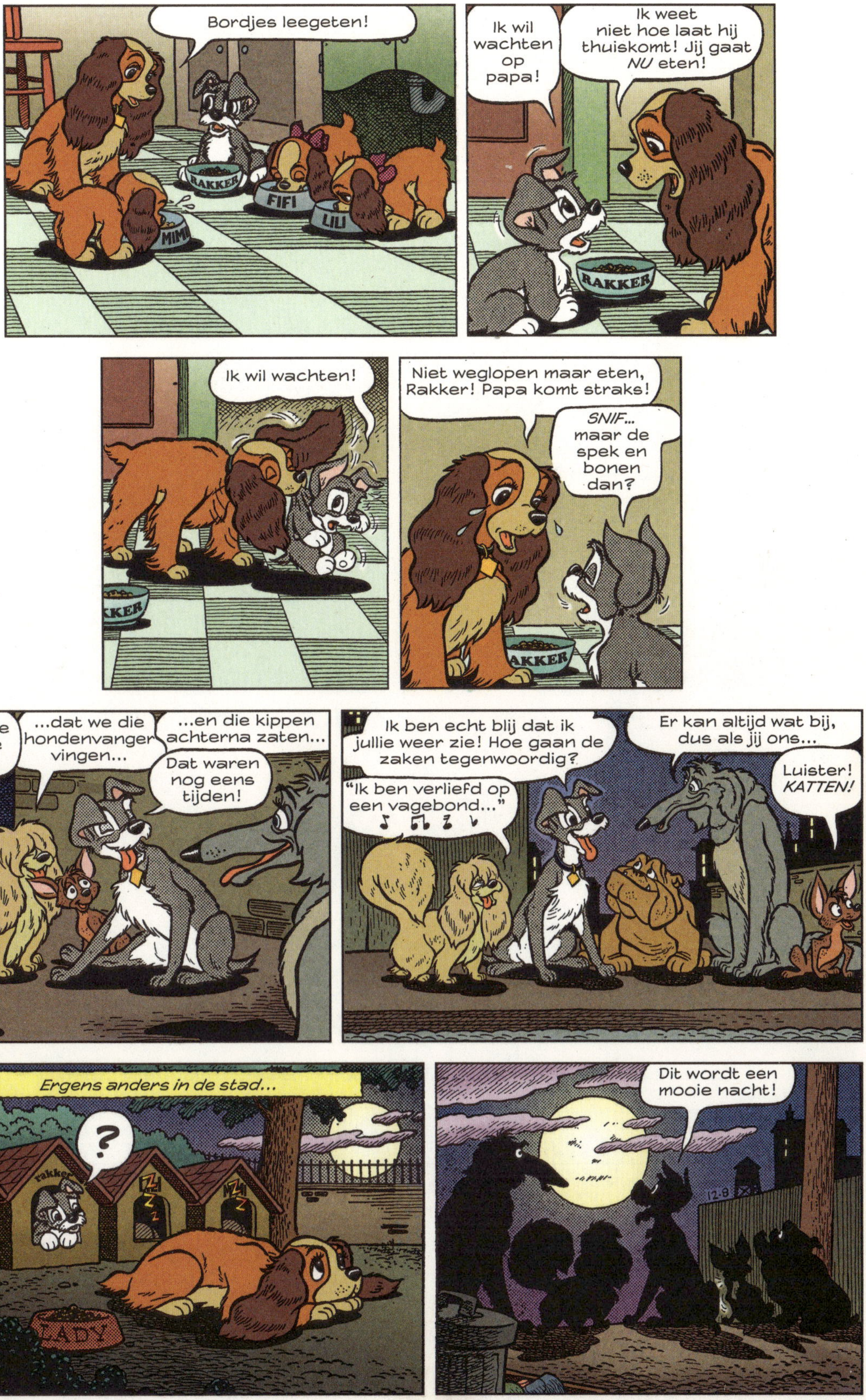
Bordjes leegeten!
RAKKER
FIFI
LILI
MIMI
Ik wil wachten op papa!
Ik weet niet hoe laat hij thuiskomt! Jij gaat NU eten!
RAKKER
Ik wil wachten!
Niet weglopen maar eten, Rakker! Papa komt straks!
SNIF... maar de spek en bonen dan?
...weet je nog die keer...
...dat we die hondenvanger vingen...
...en die kippen achterna zaten...
Dat waren nog eens tijden!
Ik ben echt blij dat ik jullie weer zie! Hoe gaan de zaken tegenwoordig?
"Ik ben verliefd op een vagebond..."
Er kan altijd wat bij, dus als jij ons...
Luister! KATTEN!
Ergens anders in de stad...
?
LADY
Dit wordt een mooie nacht!

KIJK! Het mannetje in de maan!
Hallo, jongens!
Maar Vagebond ziet het mannetje in de maan niet! Hij ziet... LADY!
OH, NEE! Ik moet echt naar huis!
JIPPIE! Katten! Kom op, jongens!
MIAUW! MIAUW!
Ik wil met ze mee, maar het kan niet! Ik moet naar mijn gezin!
Ik kom eraan, Lady!
Het is al middernacht! Lady zal wel ongerust zijn...
...en ik heb niets eetbaars kunnen opscharrelen! Zelfs geen bot voor de puppy's!
GR-R-R

Eh... wat heeft u daar een mooi bot!
SMEER 'M, KNUL!
Mag ik zelfs niet toekijken hoe u 't afkluift?
GRRR!
Ik moet dat bot te pakken krijgen! Maar hoe?
Even denken... Er moet een manier zijn om hem dat bot te ONTFUTSELEN!
Ik weet het! Een ouwe truc!
WOEF! WOEF! WOEF!
Laat me toch eens met rust!
Er ligt 'n REUSACHTIG bot in het water!
WOEF! WOEF WOEF!
?
Kijk maar, meneer! Daar ligt het!
Je hebt gelijk! Wat een KANJER!

Kon ik maar zwemmen... Dan zou ik het pakken!
Let maar eens op!
Er ligt helemaal geen bot! Hé... W-waar is mijn eigen bot?
De groeten, 'KNUL'!
Zo, hiermee kan ik wel thuiskomen!
Lady, kijk eens wat ik voor de kinderen heb meegenomen?
LADY
VAGEBOND!
LADY
BAH, wat een vies bot! Begraaf 't maar snel voor de kinderen het zien!
Ik heb je zo gemist, Vagebond!
Het was dom van me om zo'n groot bot voor de kinderen mee te nemen...
LADY
Niets aan de hand! Ze weten van niets, HIHI!
WALT DISNEY
KRAK!
KNAAG
uit

Wereld onder water

D 21001

Kwik, Kwek en Kwak hebben een schat gevonden in zee! Straks gaan ze natuurlijk de geldstukken tellen, maar help jij ze eerst met het tellen van de vissen? Twee ervan zijn precies hetzelfde, kun jij ze terugvinden? En welke twee wezens kom je normaal niet tegen onder water?

De oplossingen vind je op bladzijde 143.

Mickey Mouse

HET GEHEIM VAN DE SNELWEG

Dag, commissaris!
Fijn dat jullie er zijn!
Ik kijk even rond!
Je hoeft je hier niet te vervelen...
MASSAGES
SAUNA
FITNESS
YOGA
Wat is er aan de hand?
Een bende BEROOFT mensen hier op de parkeerplaatsen!
Heeft u ze nog niet kunnen BETRAPPEN?
Nee! Die lui slaan toe en VERDWIJNEN weer!
!?
Vreemd dat zoiets hier gebeurt! Er zijn allemaal veiligheidsmaatregels getroffen!
HELP! HOUD DE DIEF!
!?
!
GOOFY!
Die lui hebben m'n portemonnee GEJAT!
SNEL! Erachteraan!

De snelheids-begrenzers zijn buiten werking gesteld voor mijn auto!
MOOI! Dan hebben we ze zo ingehaald!
KIJK! Daar zijn ze!
NEE! Een testzone met mist!
Klopt!
Niet erg slim!
U had ons deze slechte weersomstandigheden kunnen besparen, commissaris!
Sorry! Niet aan gedacht...
Ik vraag het tolkantoor of ze de bomen GESLOTEN willen houden!
Dan zitten ze in de VAL!
KIJK! We zijn er al!
Gelukkig is het traject maar tien kilometer lang!
Hun auto is er niet!
Maar dat is niet mogelijk!
Niemand is door-gelaten!
Ze zijn in rook opge-gaan...
...MET MIJN PORTE-MONNEE!

Wat zat erin?
Eh... foto's, klantenkaarten en mijn identiteitsbewijs!
Geen geld?
Natuurlijk niet! Dat zit in m'n BROEKZAK! Slim van me, hè?
GRRR! Hier hebben we niets aan!
Wat nu, baas?
WE GAAN TERUG!
O'Hara zat ons op de hielen...
Ja, maar de TRUC werkte wel!
Intussen, in het onderhouds-centrum...
Daar zijn de dieven weggereden!
Is er niet ergens nog een AFRIT?
TOL-KANTOOR
PARKEER-PLAATS
MIST-ZONE
MIST-ZONE
TOL-KANTOOR
PARKEER-PLAATS
Nee! Ze hadden bij dit tolkantoor moeten aankomen!
Wat een MYSTERIE!
TOL-KANTOOR
Dat zijn foto's van voortvluchtige MISDADIGERS!
Kijk eens aan!
Komt die u niet bekend voor, commissaris?
Hmm...
SNUITJE!
Hij heeft hier heel wat DIEFSTALLEN gepleegd!
Dat verbaast ons niets! Misschien kunnen we hem AANHOUDEN!
Ik wens jullie succes, want hij is heel SLIM!

We moeten de snelweg weer afzoeken!
GOED PLAN!
Geen mist dit keer!
En stuur een HELIKOPTER!
Tot uw orders!
RIJDEN MAAR!
VROEMM
Ik zie niets verdachts!
Ik ook niet!
PARKEER-PLAATS 400 M
Stoppen we hier?
Heeft geen zin! Ze slaan vandaag niet weer op deze parkeerplaats toe!
Zo komen we weer bij het andere tolkantoor!
ID
OH! KIJKEENS!
!?
HUH!? WAT? WAAR?
OP DE VOORRUIT!
ID
HÈ? Dat is mijn IDENTITEITS-BEWIJS!
Omdat er geen geld in je portemonnee zat, hebben ze hem WEGGEGOOID!
Dan zijn ze op de tegenoverliggende rijbaan!
Hoe kan dat? Dan hadden ze hier ergens moeten keren!

SNEL! Terug naar de plaats van de misdaad!
GEEF PLANKGAS!
Wie weet vinden we ze nog!
VROOOM
Ik kan niet te hard rijden! Het is druk op de weg!
VRAAM
Alles lijkt rustig...
Je weet maar nooit!
PARKEERPLAATS
DE HALTE
De man die daar uit zijn Rolls-Royce stapt, zou een potentieel slachtoffer kunnen zijn...
Ik volg hem! BLIJF HIER!
OKÉ!
Hij heeft in elk geval genoeg GELD bij zich!
Een choco-lade-ijsje, alstublieft!
IJS
Komt eraan, meneer!
Zie jij wat ik zie, baas?
We wachten tot hij ALLEEN is!
NU!
AAAH!
BAF!
HOUD DAARMEE OP!
DAT IS MICKEY! SNEL! NAAR DE AUTO SNUITJE!

SPLATS!
Dit is voor jou! Je hebt het vast WARM!
HAHA! HAHA!
DOEI!
SNEL! STARTEN!
!?
Mickey! WAT...
Wil je een doekje, Mickey?
Ja, bedankt!
ZE ZIJN ERBIJ!
VROOM
Als mijn intuïtie me niet bedriegt, staat ze zo een VERRASSING te wachten!
VROOOM
We zijn bij kilometerpaal 7! Zo komen we in de...
BA...BA... BAAS!
DE MIST... DE MIST IS VERDWENEN!
En ze zitten ons op de hielen!
SCHIET OP! Activeer het mechanisme!
Heb ik gedaan!
Niemand te zien op de andere rijbaan! Dit wordt een MAKKIE!
MMMM

KIJK! De vangrail verdwijnt in de grond!
Ze hebben vast de centrale computer GEHACKT!
De vangrail komt weer omhoog! Wat nu?
Bel de helikopter!
KLANG
HAHA! Die zijn we kwijt!
Maar verderop BLOKKEREN ze vast de weg!
Ze doen maar! We laten onze oude auto op de parkeerplaats achter en rennen hier het veld in...
GOED IDEE, BAAS!
Er wacht een VLUCHTAUTO op een landweggetje! Ik heb aan alles gedacht!
Wees voorzichtig, Mickey!
HOP!
Even later...
Zo werken we ook nog aan onze conditie!
HOP! HOP!
HOP!
!?!
ELLENDIGE MUIS...
GRRR!
JULLIE ZIJN ERBIJ!
Bedankt, Mickey! Die boeven gaan achter slot en grendel!
SLIK! Nu moet ik al mijn KLANTENKAARTEN opnieuw aanvragen...
Graag gedaan!
uit

Donald Duck
Er is werk aan de winkel, jongens! Pak snel je spullen! Hup, hup!
Werken? Met deze hitte?
Maar oom Dagobert...
...de mussen vallen...
...flauw van het dak!
DONALD DUCK
H99162
Niet zeuren, jongens! Kleed je aan! Jullie oom heeft jullie hard nodig!
Hé! Wat doet u nu?
PSSSJ!
Zelfs in de schaduw ga je bijna van je stokje! Het is veel te warm om te werken!
Maar het is nooit te warm om geld te verdienen! En het is goed dat het 'ns heet is, want anders zouden mijn ventilatorfabrieken met verlies draaien!
Op weg dus! Er zijn problemen met mijn nieuwe diamantmijn in Mombasa! Vooruit, naar 't vliegveld!
Maar Mombasa ligt toch helemaal in Afrika?
Helaas wel, ja! En...
...daar is het nóg heter...
...dan hier!
Een paar uur vliegen later...
We zijn er, jongens! Dit is Mombasa!
Wat een hitte, zeg! PFFF! Ik leg 't af!
Nog een klein stukje, Donald! We zijn vlak bij de diamantmijn!
Ik weet niet precies wat hier aan de hand is, maar ik heb nog geen diamant gezien!
HUH?

Geen wonder dat u nog geen diamant heeft gezien! HA! HA!
ALLE KELDERENDE KOERSEN NOG AAN TOE!
DAGOBERT DUCK DIAMANTMIJN
Wat heeft dit te betekenen? Ik wil onmiddellijk de opzichter spreken!
Ik ben de opzichter, meneer Duck! Ik vind het heel vervelend, maar er valt hier niets meer te doen!
Hoezo niet? Zijn alle diamanten al gedolven dan?
Dat niet! Maar de diamanten liggen aan de voet van een slapende vulkaan!
Nou en? Hij sláápt toch! Vinden de mijnwerkers soms dat het te heet is?
Zo zou u het kunnen zien! Alle arbeiders hebben namelijk ontslag genomen...
WAT? ONTSLAG GENOMEN? Zijn ze nou helemaal besuikerd!
Al is het honderd graden, ik wil dat er gewerkt wordt! Begrepen?
Ja maar, luistert u nou even...
Tjongejonge! Tegenwoordig zijn ze ook niets meer gewend! Ik zal jullie 'ns laten zien hoe je diamanten moet delven!
Goed, oom Dagobert!
Wat een verlaten boel, zeg! Iedereen zit natuurlijk bij het zwembad! Zullen wij ook maar een duik nemen, oom Dagobert?
DAGOBERT DUCK DIAMANTMIJN

Geen sprake van, luiwammes! Jij gaat diamanten delven!
NU! Tempo!
Ja ja, rustig maar! Ik maakte maar een grapje, hoor!
KLUNK!
Die grond is kei- en keihard!
Volgens mij is het VERSTEENDE LAVA! Daar kom je met een pikhouweel nooit doorheen!
DAGOBERT DUCK DIAMANTMIJN
Gebruik dat spul maar, Donald! Daarmee gaat het vast 'n stuk makkelijker!
Denkt u? Wat is het dan?
Spring-stof!
Wat? Maar...
Maak dat u wegkomt, oom Dagobert!
ZOEF!
...dat spul kan bij de geringste trilling...
KABOEM!
...ONTPLOFFEN!
Gelukkig is iedereen ongedeerd!
Ja! Alleen m'n oren piepen nog een beetje!

Moet je dit zien! Allemaal diamanten!
Ongelofelijk! Het zijn er wel duizenden!
Ah, de opzichter! Ziet u nu hoe simpel het was? Met wat springstof leg je die diamanten zo bloot!
Dat wist ik al, meneer Duck! Ik heb zelf met verschillende hoeveelheden geëxperimenteerd!
Maar zelfs bij de kleinste hoeveelheid bleek de explosie de vulkaan te activeren!
BRRROEMMM!
WAT? Maar dat betekent dat...
WOESJ!
Nu wordt het me toch echt te heet onder de voeten!
OH, NEE! De lava bedekt mijn diamanten!
Dat probeerde ik u steeds te vertellen! Je kúnt hier gewoon geen diamanten delven! Om de mijnwerkers toch iets nuttig te laten doen, heb ik ze een zwembad laten graven!
En zo...
Waarom neemt u geen frisse duik, oom Dagobert? Volgens mij kunt u wel een beetje verkoeling gebruiken!
DAGOBERT DUCK DIAMANTMIJN
GRRR! Ik stamp nog liever mijn hoed plat!
uit

Broer Konijn
SLIK! Ik weet niet of 't wel zo'n goed idee was om te gaan vissen bij je neef, Toon! Ik voel me niet lekker in dit MOERAS...
We zijn er zo, Broer! Mijn neef Snapper kent de beste stekjes!
H 93191
Toon! Wat leuk je weer eens te zien!
Hoi, Snapper! Ik heb m'n vriend Broer Konijn meegenomen voor 'n dagje vissen!
IEKS!
Wat heeft je makker? Nog nooit een alligator gezien?
Niet van zo DICHTBIJ! HI! HI!
Het wemelt hier van die beesten, jong! Hou ze altijd in de gaten!
Zullen we hier gaan vissen?
PFFFF!
Vind je 't niet ENG om hier te wonen, met die alligators steeds op de loer?
Welnee! Mij krijgen ze nooit te pakken!
Het is net als bij ONS met meneer Vos en meneer Beer! Je went eraan!
Af en toe PROBEREN ze me weleens te grijpen, maar zodra ze in m'n buurt komen dan...
...SNAP!
En daarna ben ik weer voor een hele tijd van ze af!
Tjonge!
Tja, elke woonplaats heeft zijn eigen regeltjes!

Hier in 't moeras moet je *BEHOEDZAAM* lopen! Elke stap wordt door de alligators gevolgd!
Ik zal eraan denken!
En je *EVENWICHT* bewaren is ook belangrijk! Wees maar blij dat je net niet in 't water bent gevallen!
Hoezo? Er is nergens een alligator te bekennen!
Oh, nee? Let maar eens op!
PLONS!
SLIK!
HAP! HAP! HAP!
Maar zolang je bij mij in de buurt bent, gebeurt je niks! Werp je hengeltje maar uit!
J-ja, vissen is lekker *RUSTGEVEND!*
Later...
Ze bijten weer best, Snapper! Dit is een prachtige stek!
Dat wel, maar ik vrees toch dat we beter naar huis kunnen gaan!
Het waterpeil stijgt! Het heeft stroomopwaarts zeker flink geregend!
Hoe meer water, hoe meer vissen! *HI! HI!*
Klopt, maar straks staan onze *PAADJES* onder water! Inpakken en wegwezen, lui!
Oei!

Het water stijgt veel te snel!
We moeten door het WATER! Maar de alligators...
Straks hebben ze ons voor 't grijpen!
We zullen hier moeten blijven tot het water zakt, en dat kan DAGEN duren! Maar op dit soort noodgevallen ben ik voorbereid! Pak vast, Toon!
Dit hoort nu eenmaal bij het moerasleven! Ik hoop dat je vriend ertegen kan om in een hangmat te slapen, Toon!
Jawel, maar dat doe ik liever THUIS!
Thuis? Je bent toch niet van plan om naar huis te gaan?
Maak je geen zorgen, Toon! Ik heb genoeg van je neef geleerd!
PLONS!
Ik weet nu hoe alligators zich gedragen, en daar ga ik GEBRUIK van maken!
HAP!
HAP!
HAP!
Bij ons in het bos red je het vooral met LISTEN, Snapper! Kom gerust eens logeren, dan leer ik je er een paar! Tot ziens!
uit

Vakantiedagboek

Jippie, vakantie! Pak je pen en vul dit dagboek in!

Naam: .... Leeftijd: ....

Dit doe ik in de vakantie: ....

....

....

Dit moet zeker mee op vakantie:

....

....

....

En dit blijft thuis:

....

....

....

En dan nu... het weer!

veel
matig
weinig

Teken jij de regendruppels? Teken er veel als het vaak regent en weinig als het bijna niet regent in de vakantie!

Als ik een weekje op de boerderij van oma Duck mag logeren, ga ik...

A. ...de hele dag in het hooi slapen, net als Gijs Gans!
B. ...taarten bakken met oma Duck en ze allemaal opeten!
C. ...helpen met de dieren, vooral de .... (paarden, konijnen, koeien... vul zelf maar in!)

Zo bestel je friet in Frankrijk/ Spanje/Engeland/anders namelijk

....

En hierom lag ik in een deuk:

....

....

Dit was mijn superblunder van deze zomer:

....

....

Dit doe ik het liefst in het zwembad:

A. Een bommetje!
B. Ronddobberen op een luchtbedje!
C. Zwemmen? Ik koop liever een ijsje!

Deze kinderen heb ik leren kennen op vakantie:

naam: ....

e-mail: ....

naam: ....

e-mail: ....

naam: ....

e-mail: ....

Hiawatha
Bah! Geronimo pikt altijd de leukste meisjes van het dorp in!
Zeg wat je het liefst wilt hebben, Boterbloem, en je krijgt het van me!
HI! HI!
H98289
Ik zou zo graag een eigen PAARD willen hebben!
Dat ga ik voor je regelen!
Ha! Ik zal ervoor zorgen dat ik eerder een paard voor Boterbloem heb dan hij!
Daar is een kudde wilde paarden! Dat dier vooraan ziet er vrij tam uit...
Hebbes!
HI HI HI!
Niet dus!
HI! HI! HI!
Leuk hoor!
Dan maar ZO! Van de cowboys afgekeken!

Ho! Wacht!
HIHIFRRR!
AUWAUW!
HI HI!
Huh?
PLOF!
Nu laat ik je niet meer ontsnappen!
PRFPRF!
Oh, nee! Ik hou 'm niet!
Hij galoppeert 't dorp in!
Wat doet Hiawatha daar?
KRAK!
BONK!
KLABAM!
BOEHOEOE! Mijn mooie HOBBEL-PAARD! Helemaal kapot!
GRRR!
Huh? Hobbelpaard?
Ja! Dat heeft Geronimo van hout gemaakt! Of dacht je soms dat ik net zo gevaarlijk ging doen als jij met een ECHT paard?
En zo...
Bah! Dat ik een nieuw hobbelpaard voor Boterbloem moet maken, is tot daaraan toe! Maar dat die wilde paarden me de hele tijd uitlachen, dáár baal ik pas echt van!
HI HI! HI HI!
uit

De Speurneuzen
RUZIE OM EEN REVUE-ZANGERES
Ik had nooit gedacht dat jij naar *DE REVUE* zou gaan, Basil!
Waarom niet? Denk je soms dat ik me *TE GOED* voel voor eenvoudig amusement?
THEATER HET SCHELLINKJE
D88035
Je weet dat ik zeer van muziek houd! Behalve de fluwelen klank van de edele viool...
Bwèh!
ELKE AVOND DE LONDENSE NACHTEGAAL: TROELIE DE MOL
...gaat er niks boven het schone timbre van een geschoolde vocaliste!
Wat weet je het toch altijd mooi te zeggen!
KE AVOND NDENSE ACHTEGAAL: ELIE DE MOL
Die Troelie wordt een grote carrière voorspeld! Als ze maar *HALF* zo goed is als ze zeggen, wordt het genieten!
De kaartjes waren er duur genoeg voor!
En nu, dames en heren, de grootste zangsensatie sinds de zingende zaag: Troelie de Mol!
BRAVO!
BRAVO!

SIMON, ALS IK JE SOKKEN STOP, DAN GAAT MIJN HART TEKEER VAN KLOP KLOP KLOP...
Grutjemetutje! De tekst is ietsje platvloers, maar wat een STEM...
Wat een KRACHT! Wat een TIMBRE! Ik ben benieuwd hoe ze de ECHT GEVOELIGE partijen vertolkt!
...EN KOM IK 'S AVONDS VAN MIJN WERK MOE THUIS, DAN ZIT MIJN SCHAT GEZELLIG VOOR DE BUIS...
?
KRAK!
Wat zeg je me daarvan, Dawson? De KRACHT van haar stem heeft mijn vergrootglas versplinterd!
BRAVO!
FANTASTISCH!
Ach, da's nou jammer!
Een geringe prijs voor zo'n artistieke belevenis!
Het volgende nummer: Barry Boudini, de beroemde ontsnappingskunstenaar!
Hij krijgt handboeien om, 'n dwangbuis aan, wordt vastgeketend en opgesloten in 'n luchtdichte kist!

Die kist wordt omhoog getakeld, en hij zal eruit proberen te ontsnappen...
...vóórdat het tijdmechanisme afloopt en een welgemikt pistoolschot het touw doorschiet!
Tjonge! Dat is geen geringe opgave!
TIK! TIK! TIK!
Applaus! Mister Boudini heeft weer eens het onmogelijke gepresteerd!
TIK! TIK! TIK!
HOERA!
Een sterk staaltje!
BRAVO!
KNAL!
BAM!
Een welbestede avond! Zeg, Basil, wat dacht je van een druppeltje van het een of ander voor het slapen gaan?
Nee, ik wil meteen terug naar huis!
DE GEKROONDE KAAS
221
Oh, oh...
Welterusten allemaal! Ik ga nog wat proefjes doen in mijn laboratorium...
Ik was er al bang voor! Ik zag het aan die afwezige blik in zijn ogen!

De volgende morgen...
Alle-machtig! Basil is de HELE NACHT in zijn laboratorium gebleven! Wat zou hij uitvoeren?
Oh, nee! Ik hoop dat ik nog droom!
TIK! TIK! TIK!
Maar ik vrees van niet!
PANG!
BAM!
Verhip! Ik had de HANDBOEIEN af en het DWANGBUIS uit, maar ik krijg die kettingen maar niet los!
Ik heb GEFAALD, Dawson! Ik zal NOOIT zo goed worden als Barry Boudini!
Er is iemand voor u, meneer Basil!
Meneer O'Lily is de directeur van het theater dat u gisteren heeft bezocht!
Aangenaam kennis te maken ...
Mijnerzijds! En de complimenten voor uw programma!
Vooral juffrouw De Mol en mister Boudini zijn geweldig!
Troelie is mijn grote ontdekking! Ze heeft 'n contract bij me voor dit seizoen, en 't publiek komt op haar af als vliegen op stroop!

Maar ik vrees dat iemand een vroeg einde aan het seizoen wil maken...
Hoe bedoelt u?
Gisteren na de voorstelling lag er een BOM in mijn theater! De nachtwaker kon op tijd de lont doven, anders stond Het Schellinkje nu niet meer overeind!
Grote genade!
Heeft u de politie ingeschakeld?
Oh, nee! Dan komt het in de krant, en dat schrikt het publiek af!
Met een politieonderzoek kan ik de tent wel sluiten! Maar de beste detective van Londen kan alles misschien snel en zonder ruchtbaarheid oplossen...
Ahem! U vleit me! Deze zaak heeft interessante kantjes, meneer O'Lily! Ik neem hem aan!
Bedankt! Dan weet ik zeker dat alles goed komt!
Kom, we gaan naar Het Schellinkje en snuffelen eens rond op de plek des misdrijfs!
Even later...
Hier was de bom verborgen! Gelukkig rook de nachtwaker lont!
Hm... Waar is-ie nu gebleven?
In deze emmer water! Zo kan hij geen schade aanrichten!
Goed idee! Veiligheid voor alles!

Helaas heeft het water ook alle vingerafdrukken van de bom gewist! Misschien vinden we nog sporen in de omgeving!
Ah, verkreukte snoeppapiertjes... een doosje lucifers... en een lege papieren zak! De schurk is 'n sloddervos!
Hij dacht natuurlijk dat de explosie alles zou laten verdwijnen! Op deze papiertjes staat 'Cribbs Confection'!
Da's een snoepwinkel in Quality Street!
Verder ruiken deze voorwerpen naar GEMBERLIMONADE! Nog een aanwijzing dat onze dader van zoetigheid houdt!
Het ventilatierooster is verwijderd! Hierlangs is de schurk stiekem binnengeslopen en weer vertrokken!
Bij Jupiter, je hebt gelijk! Zijn voetsporen staan in de modder!
Hm... de schurk droeg ongebruikelijk schoeisel met hoge hakken: zogenaamde cowboylaarzen!
Tot later, O'Lily! We gaan naar Cribbs Confection! Misschien kunnen ze ons vertellen wie van hun klanten cowboylaarzen draagt!

Alles wijst erop dat onze man een SNOEPVERSLAAFDE is! De kans is groot dat we hem in de buurt van deze winkel vinden!
CRIBBS CONFECTION
Kijk, Basil! Daar loopt iemand met cowboylaarzen!
Hij loopt nog te snoepen ook! Eens luistervinken wat hij te drinken bestelt...
Een DUBBEL GEMBERLIMONADE! Ik heb dorst!
Dawson, we hebben onze bommenlegger gevonden!
Je bent erbij, schurk! We weten dat je gisteren een bom hebt gelegd bij Het Schellinkje! Als je niet eerlijk alles opbiecht, ga je voor jaren op water en brood... ZONDER zoet beleg!
SLIK!
Ik deed het alleen voor het geld, meneer! Een zigeunerdame die hier gisteren was, heeft me ervoor betaald! Verder weet ik van niks!
Dat klopt, ik heb die zigeunerin gezien! Ze heeft deze SJAAL hier laten liggen!
Wel, wel... je boft, schurkachtige vriend, dat de barman je verhaal bevestigt!

Ik heb je niet meer nodig! Scheer je weg, voordat ik me bedenk!
En nu? Hoe kan die sjaal ons verder helpen?
Eens zien... het is goede zijde uit Milaan... hij ruikt naar dure parfum... en er zitten vlekken op van SCHMINCK!
En dus?
En dus brengen we een bezoekje aan de OPERA! Die dame was geen echte zigeunerin, maar een beroepsactrice die er een SPEELDE!
Het Scampi Operagezelschap is in Londen en geeft een uitvoering van La Bohème! Daar vinden we zigeunerkostuums, Italiaanse zijde, parfum en schminck allemaal bij elkaar!
Later, in de Londense Opera...
Ik ben zo bang dat de ECHTE ACTEURS onze vermomming als toneelknechtjes snel doorzien, Basil!
Maak je geen zorgen! Achter de schermen van een opera is het altijd zo'n drukte, dat er heus niemand op ons let!
Kijk! De zoom van dit kostuum vertoont sporen van modder en straatvuil!
Die dame daar is vast een operazangeres!
Correct, Dawson! Dat is Ibiza Grancanaria, de grote ster van het Scampi-gezelschap!

Snif! Snif! Ze ruikt net zo als die sjaal! Dat maakt haar verdachte nummer één!
Maar wat kan zij voor reden hebben om Het Schellinkje te laten opblazen?
Hé! Jullie daar!
Oh, oh!
Ik heb het draaiboek nodig dat op het bureau van signor Scampi ligt! Ga het halen, en rap een beetje!
J-ja meneer!
We boffen, Dawson! Victor Scampi is de directeur van dit gezelschap! Het zou me niks verbazen als we bij *HEM* de oplossing van dit raadsel vinden!
VICTOR SCAMPI
Wat zei ik je? Krantenknipsels over Troelie de Mol, en een agenda!
Hier staat dat Scampi *VANAVOND* een bezoekje gaat brengen aan Het Schellinkje!
Heel interessant, Basil! Maar laten we hier liever wegwezen!
Elk stukje van de puzzel is op zijn plaats gevallen, beste Dawson! De nieuwsgierige zangeres Grancanaria heeft in Scampi's bureau gesnuffeld...
Daar ontdekte ze dat haar baas in Troelie de Mol geïnteresseerd is! Grancanaria vreest dat haar positie als eerste zangeres bij Scampi in gevaar is!

Ze wil verhinderen dat Victor Scampi hoort hoe goed Troelie zingt! Daarom probeert ze het THEATER waarin Troelie optreedt te laten verdwijnen!
Tjonge! Maar dat is toch mislukt? Waarom hebben we dan zo'n haast?
Omdat ze vanavond nóg een kans heeft!
Zolang Troelie niet voor Victor Scampi heeft gezongen, zal Ibiza Grancanaria ALLES OP ALLES zetten om dat te voorkomen! Zo'n jaloerse sopraan is tot alles in staat!
Hopelijk zijn we nog op tijd!
Daar is ze!
HET SCHELLINKJE
Hoe... hoe bedoelt u "het spel is uit"? Wat heb ik dan gedaan?
Dat zullen we zo uitvinden! Roep die agent, Dawson!
Binnen...
Het is een ramp! De voorstelling had al bezig moeten zijn, maar alle artiesten liggen voor pampus! Ik krijg ze niet wakker!
Snif! Snif! Een slaapmiddel!
Deze jaloerse dame heeft een slaapmiddel in de thee gedaan om juffrouw Troelie het zingen te beletten... Daarmee heeft ze ook alle andere artiesten uitgeschakeld!
Allemaal leugens!

Aha! Een bekend Oosters slaapmiddel! Gelukkig bestaat er een tegengif, waarvan de ingrediënten bij elke apotheek zijn te krijgen!
Hoe snel kan dat, Basil? Als het publiek nog langer moet wachten, breken ze de boel af!
Dit is de formule voor het tegengif! Zoek zo snel mogelijk een apotheker, Dawson!
STAMP! STAMP!
EEN TWEE DRIE VIER, KOMT ER NOG WAT VAN?
Basil gaat proberen het publiek rustig te houden...
Je ziet eruit als een echte ontsnappingskunstenaar, Basil! Maar weet je zeker dat je Boudini's truc aandurft?
Haal het doek maar op!
Dames en heren, speciaal voor vanavond heeft de beroemde detective Basil Holmuis een sensationele stunt ingestudeerd!
Zou je het echt wel doen, Basil? Deze truc is GEVAARLIJK!
De show moet doorgaan!
Grutjes! Victor Scampi, directeur van het Scampi-Operagezelschap, is in het publiek! Wat doet die hier?
Het tijdmechanisme tikt onverbiddelijk door! Basil heeft precies drie minuten om te ontsnappen!
TIK! TIK! TIK!
Nog VIJF seconden... VIER... DRIE... TWEE... EEN...

BRAVO!
HOERA!
KIJK UIT, BASIL!
PANG!
TOEGIFT!
KLOINK!
Gelukkig heeft Dawson intussen het tegengif gehaald...
Oké, juffrouw De Mol! Uw beurt!
Het is je gelukt, Basil! Fantastisch!
Ah! Juffrouw De Mol is zo te horen weer de oude!
Na de voorstelling...
Subliem! Ik wil u graag als eerste sopraan van het Scampi-Operagezelschap! Ik wil ELK bedrag betalen om uw contract met meneer O'Lily af te kopen!
Doen, meisje! Zo'n kans krijg je nooit meer! Ik ben al trots dat je het zo lang bij me uitgehouden hebt!
Wat heerlijk! Ik kan wel ZINGEN van geluk!
WACHT!
Ga gerust uw gang, juffrouw, maar wacht even tot ik weg ben! Ik heb een nieuw, en DUUR, vergrootglas op zak, en dat wil ik nog een poosje HEEL houden!
HA! HA! HA! HA! HA!
HO! HO! HO!
uit

KNAPPE KOPPEN

DROEDELS

Wat zie je op deze droedels?

DE DRAAD KWIJT

Kwik, Kwek en Kwak zitten te vissen. Weet jij wie wat zal vangen? Vis het maar snel uit!

RAADSELSLANG

Donald en de neefjes gaan een weekendje op survival. Vul de puzzel in van binnen naar buiten. Als je alle letters in de blauwe vakjes achter elkaar zet, krijg je een instrument dat de Ducks de weg wijst.

1. Ding dat Donald en de neefjes dragen
2. Stevige stappers
3. Hiermee kun je in het donker de weg vinden
4. Hieromheen zingen de Jonge Woudlopers liedjes
5. Ander woord voor lopen
6. Maakt kleine dingen groot, maar je kunt er niet uit drinken

CIJFERRAADSEL

Schrijf de cijfers 1 tot en met 8 in de cirkels. Doe dit op zo'n manier dat de cijfers die maar 1 verschillen (zoals 2 en 3 of 5 en 6) NIET met elkaar verbonden zijn.

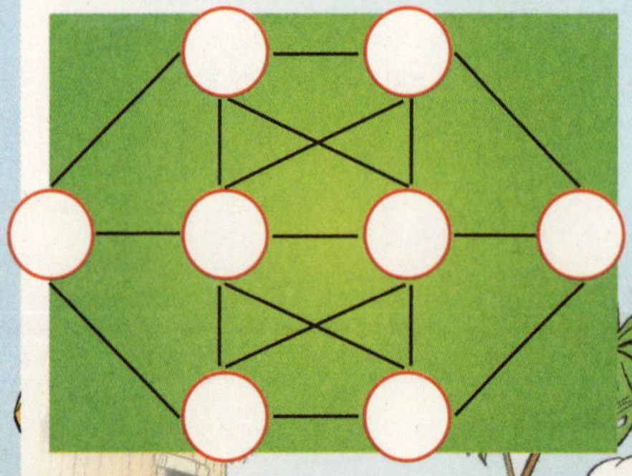

GOOFY'S KUNSTSTUKJES

Goofy heeft een paar schilderijen gemaakt van Duckstadbewoners. Alleen zijn ze bijna niet te herkennen. Kun jij ondanks de onvolledige portretten zien wie het zijn?

VAN DE KOOK

Katrien komt bij Donald eten en hij wil nog even snel wat lekkers klaarmaken. Maar in de haast zijn er vier dingen in de keuken beland die er niet thuishoren. Zie jij welke voorwerpen dat zijn?

De oplossingen vind je op bladzijde 143.

BLOEMENZEE

De neefjes volgen een vlinder naar de grote bloem. Maar hij komt alleen langs de bloemen met hetzelfde aantal bladeren en hij kan zich kriskras door de doolhof bewegen. Weet jij hoe hij vliegt?

BANAANTJE

Weet jij welke schaduw bij de gele banaan past?

oplossingen:

Raadselslang: 1. Rugzak, 2. Bergschoenen, 3. Zaklamp, 4. Kampvuur, 5 Wandelen, 6. Vergrootglas. Eindoplossing: KOMPAS.

De draad kwijt: Kwik: de bolle vis, Kwek: het bordje en Kwak: de langwerpige vis.

Cijferraadsel:

5 3
2 8 1 7
6 4

Goofy's kunststukjes: 1. Madam Mikmak; 2. Donald Duck; 3. een van de neefjes; 4. oom Dagobert; 5. Mickey Mouse; 6. Clarabella Koe; 7. oma Duck; 8. Gijs Gans; 9. Willie Wortel.

Droedels: 1. Olifant die de handstand doet, 2. Egel met een scheiding in z'n haar, 3. Regenworm.

Banaantje: banaan E

Van de kook: cassettebandje, kleerhanger, schroevendraaier, tennisbal.

Bloemenzee: De vlinder vliegt over de bloemen met zes bladeren. Zie blz. 143.

Kwik, Kwek en Kwak
gaan vogeltjes kijken
Oom Donald, we gaan naar de dierentuin om de vogels te bekijken!
Dan krijgen we bij de Jonge Woudlopers een vogelkijkerslintje!
HMPF!
D 8040
Hebben jullie wel geld voor kaartjes?
Nee, oom Donald, maar...
...u wel!
Vergeet het maar! Die Jonge Woudlopers-lidmaatschappen kosten al 'n FORTUIN!
Dan zit er niets anders op dan oom Dagobert om geld te vragen!
WAT? OOM DAGOBERT?
Geld vragen aan oom Dagobert! WOEHA! Die heeft nog NOOIT iemand een cent cadeau gedaan!

Even later...
...zeven triljoen één, zeven triljoen twee... Wat is er, jongens?
Oom Dagobert, u wilt ons vast wel uit de problemen helpen...
...door onze kaartjes voor de dierentuin te betalen, zodat we vogels kunnen bekijken!
WAK!
Daar komt niets van in! Er zijn meer dan genoeg vogels die BUITEN de dierentuin rondvliegen! Ga die maar bekijken!
Die kennen we allang, oom Dagobert!
Luister maar: de lokroep van het VREKMEESJE! FRRIEP!
Of deze dan: PRUUT! Het blauwgevederde SPAARSIJSJE!
Ik weet een veel betere vogelimitatie: jullie vliegen NU mijn kantoor uit!
Eh... oom Dagobert! U hebt zo'n prachtig, hoog geldpakhuis...
Nou en?
Mogen we op het dak gaan zitten? Dan kunnen we de vogels heel goed bekijken!
Hmmm, zolang het geen geld kost... Weet je wat? Jullie mogen er GRATIS zitten!

U bent vast wel een vogelliefhebber, oom Dagobert!
Klopt! Zolang ik er maar geen tijd en geld aan hoef te besteden, ben ik dol op vogels!
De vogel waar ik het meest van hou, is de raaf! Die heeft iets mysterieus!
GNI! GNI!
Dat brengt me op een idee! Het enige dat ik nodig heb om het pakhuis binnen te komen, is mijn tamme raaf en een gouden muntje!
Vlieg maar naar het dak met het muntje in je snavel! En dan vertel je Dagobert wat ik je geleerd heb!
Kijk, wat een grote vogel!
Het is een raaf!
Wat heeft hij daar in zijn snavel?
Het is een GOUDEN MUNTJE!
WAT?
Hij heeft het vast uit mijn pakhuis gestolen! Houd de dief!

HEBBES!
Maar een raaf steelt geen glim-mende dingen! Dat doen alleen eksters!
HÉ! Dit muntje komt niet uit mijn pakhuis!
Ik denk dat dit een heel speciale raaf is!
Doortje weet waar de schat is! RHAA!
Nou, zeg dat wel! Een SPREKENDE raaf!
Hebben jullie dat gehoord? Een SCHAT! Daar moet ik het fijne van weten!
Zeg op, vogel! Wie is die Doortje?
Meneer Duck, er is iemand voor u! Ze heet Doortje Trapt, en ze is haar raaf kwijt!
HA! Laat maar binnen!
Gelukkig! U hebt mijn stoute raaf gevangen!
Zeker! En hij heeft me interessante dingen verteld!
Tjonge, dat ziet er ook wel interes-sant uit!
Mijn geluksdubbeltje! Het eerste muntje dat ik verdiende, en het begin van mijn fortuin!

Wacht eens even! Iemand die een tamme raaf heeft, en ook nog geïnteresseerd is in mijn geluks-dubbeltje...
Hi! Hi!
Goed gezien, Dagobert! De enige echte ZWARTE MAGICA! Je bent erin getrapt! Hier, pak aan!
POEFF!
En nu ik je geluksdubbeltje te pakken heb, ben ik de rijkste heks ter wereld! GNI! GNI!
HEBBES!
OH! OH! Ik dacht al dat er iets niet klopte...
Mijn raaf zei het al: Ik weet waar de schat is! IN MIJN HAND! HI! HI!
POEFF!
Hier, raafje van me! Bewaar jij het dubbeltje voorlopig maar!
En denk erom, meteen naar huis ermee!

HÉ!
Ze zijn weg!
En mijn geluks-dubbeltje ook! Dat is een RAMP!
Nu ga ik vast FAILLIET!
Wacht maar, oom Dagobert! We krijgen het dubbeltje wel terug!
Ik zag die raaf met 't dubbeltje wegvliegen! We moeten zorgen dat hij terugkomt!
Hoe dan?
We doen gewoon de lokroep van een verliefde raaf na!
Klaar? Daar gaat-ie dan!
KOE-KOE!
PROE-KOE!
KOEKOE!
KROE?
KOEPROE! PROE!

KOE-KOE!
Hij hoort het, Kwik! Hij komt terug!
PROE-KWOE!
HA! HA! Dat komt ervan, sukkel, als je een lokroep beantwoordt! Dan valt het dubbeltje uit je snavel!
HEBBES!
Wat zal oom Dagobert blij zijn als hij zijn dubbeltje terugkrijgt!
Hij geeft ons vast een beloning!
JEP! Bijvoorbeeld drie kaartjes voor de dierentuin! HI! HI!
Kijk eens, oom Dagobert! Het geluksdubbeltje!
M-mijn dubbeltje! Hoe hebben jullie dat voor elkaar gekregen?
Tsja, dat is een kwestie van vogels bestuderen! Dus over 'n beloning gesproken...

Ondertussen, in de tuin van het pakhuis...
PROE? KROE?
Suf vogelbeest! Ik zei toch dat je rechtstreeks naar huis moest vliegen!
En jij laat je beetnemen door een paar bengels die een ravenlokroep nadoen!
KROE?
Voor straf ga je een week in je kooi!
HI! HI!
Het lijkt wel alsof Magica ineens niet meer van vogels houdt!
Terwijl oom Dagobert ze juist leuk begint te vinden!
Even later...
Nee, oom Donald...
En? Heeft oom Dagobert geld gegeven voor de dierentuin?
...oom Dagobert heeft ons GEEN geld gegeven voor kaartjes voor de dierentuin...
Wat heb ik jullie gezegd?
...maar hij betaalt WEL 'n reis naar AFRIKA voor ons, zodat we daar de vogels kunnen bestuderen! HI! HI!
WAK!
Uit

Geldkasteel

Waarom een kasteel van zand bouwen als je een pakhuis vol muntjes hebt! Oom Dagobert heeft een prachtig geldkasteel gebouwd, maar is in z'n enthousiasme op sommige plekken wat muntjes vergeten. Weet jij hoeveel geldstukken hij vergeten is?

De oplossing vind je op bladzijde 143.

EEN WEEKJE...
ZOMERPRET
MAAN-DAG
Tjonge! Dat is vast een haai!
Of een tonijn!
!
Hou op met dat stomme overdrijven, elke keer als jullie beethebben!
Goed, oom Donald!
HA! Deze keer is het vast een WALVIS!
WAUW!
Verdraaid! Ik zei toch dat jullie moesten oph...
DINS-DAG
HOT-DOGS
AAAH!
POP!
?!
!
WEEGSCHAAL
?

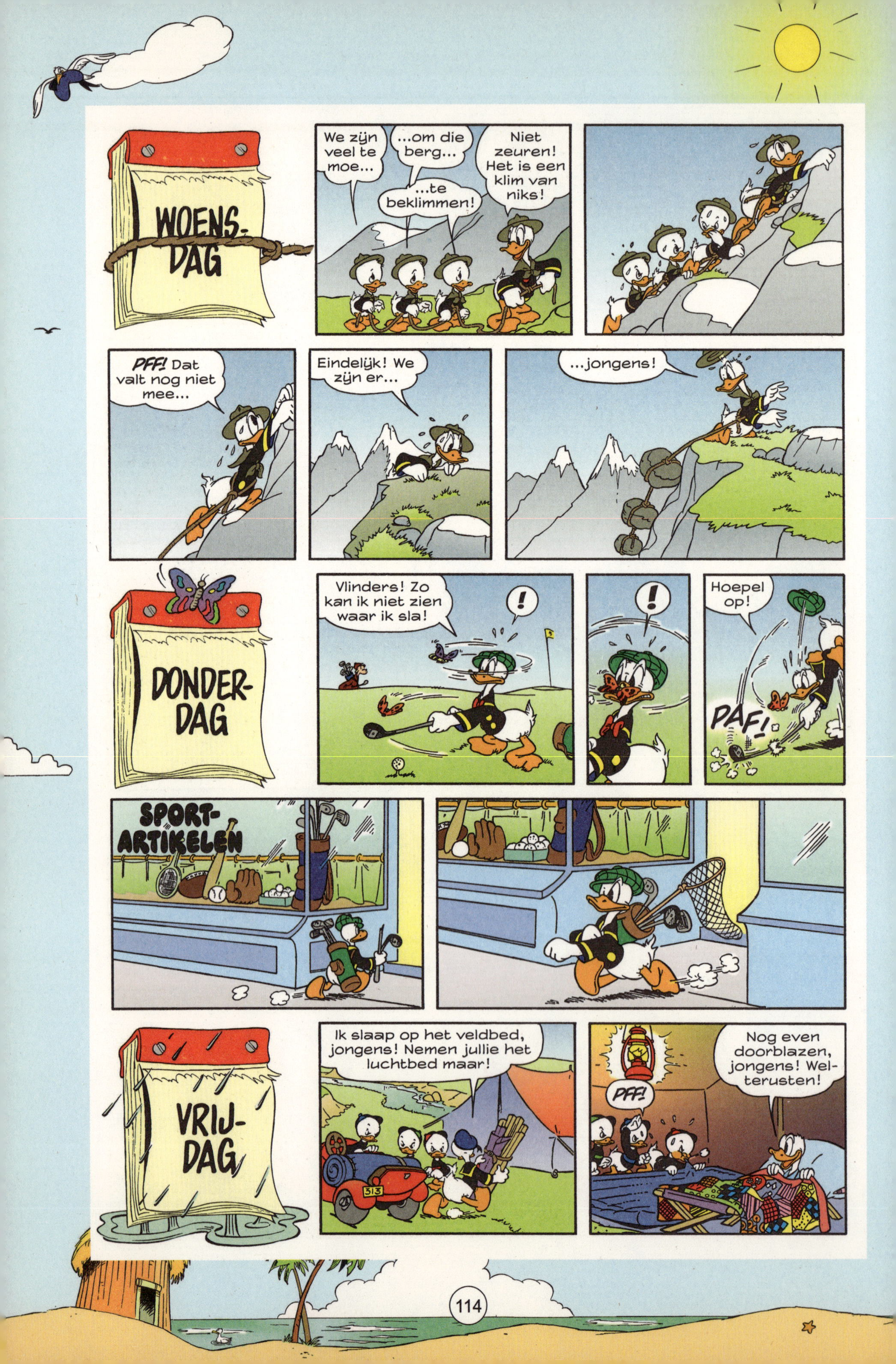
WOENS-DAG
We zijn veel te moe...
...om die berg...
...te beklimmen!
Niet zeuren! Het is een klim van niks!
PFF! Dat valt nog niet mee...
Eindelijk! We zijn er...
...jongens!
DONDER-DAG
Vlinders! Zo kan ik niet zien waar ik sla!
!
!
Hoepel op!
PAF!
SPORT-ARTIKELEN
VRIJ-DAG
Ik slaap op het veldbed, jongens! Nemen jullie het luchtbed maar!
313
PFF!
Nog even doorblazen, jongens! Welterusten!

ZZ Z!
ZZ Z!
?!
ZATER-DAG
Hé, sufferds! Er zit geen vis in het riool!
Wedden voor tien euro van wel?
Aangenomen! Dat zal jullie leren eigenwijs te zijn!
Huh?
?
Hier zijn tien euro voor de vissen, meneer Jansen! En bedankt, hè!
OESTERS
OESTERS
ZON-DAG
Oom Donald! Wilt u de tuinsproeiers aanzetten?
Kunnen jullie dat niet zelf doen? Ik lig net zo lekker!
Gewoon die sleutel op de kraan zetten en draaien!
Nee, niet naar links! Naar rechts! Vooruit, draa...
!
uit

ADVERTENTIE
zomer actie
DIVERSE POCKETS NU SLECHTS
€ 3,99!*
OP = OP
Deze zomer hoeft niemand zich te vervelen!
Want vanaf eind juni kun je veel pockets overal met korting kopen! Leuk voor op het strand, in de auto op weg naar je vakantie-adres of gewoon lekker in de tuin!
*o.a. pockets van Donald Duck (ook de Engelse), Katrien en Duckstad! © 2017 Disney
DONALD DUCK POCKET 223
DONALD DUCK POCKET 239
ENGELSE EDITIE
DONALD DUCK POCKETBOOK
KATRIEN
MET WOORDENLIJST
WATCH OUT!
Stories from Duckburg

Kwik, Kwek en Kwak

HET VAKANTIEBAANTJE

Minuten later...
We hebben alles wat je nodig hebt voor een dagje op het strand!
IJs, zonnebrandcrème, strandballen...
Chips? Natuurlijk! Welke smaak wil je?
Kijk, mam, ik wil zo'n duikbril!
Tjonge! Wat hebben we het druk!
Goed, hè! Hoe meer we verkopen, hoe meer we verdienen!
Een eindje verderop...
Er zijn te veel POTTENKIJKERS voor onze klus, Jack!
We kunnen niet wachten! Ons vliegtuig vertrekt vanavond!
Ja, we moeten de poen vandaag OPGRAVEN!
Denk eraan, we gedragen ons als GEWONE badgasten!
Hmm! Het was acht meter van de waterrand... Hier ongeveer!
Die plek is bezet, baas!
WEGWEZEN! Dit is ONZE plek!
Wat? BRUTALE VLERK!

Kom mee, Henry! Er zijn genoeg zonnige plekjes zonder SCHORREMORRIE!
Ga een zandkasteel bouwen, dan vallen we niet op!
Goed idee, Jack! En het is nog leuk ook!
Een halfuur later...
Zijn jullie al klaar?
Nog heel even! De torens blijven niet staan!
Vergeet de torens, IDIOTEN! Jullie hadden intussen ook moeten GRAVEN!
Oké, Jack! S-sorry!
Weer een halfuur later...
Het is hier niet, baas! We hadden het allang moet vinden!
Wacht eens even! Het was VLOED toen we de koffer begroeven...
Dan moet het DAAR zijn!
OEI! Moet je die wolken zien!
Hopelijk verjagen ze onze klanten niet!
STRANDKRAAM
Hier is het! Graven maar, jongens!
OEMPF!

Negeer die lui, Jerry! Ze hebben geen hersens in hun hoofd, maar ZAND!
Je hebt gelijk! En we wilden tóch weggaan!
We gaan naar huis! Hopelijk is het morgen weer zonnig!
ZUCHT! Onze klanten vertrekken!
We hebben meneer Plink beloofd dat we open zouden blijven zolang er mensen op het strand zijn!
En die mannen kunnen geen genoeg krijgen van het strand!
NEE! De steel van m'n schop breekt!
Haal dan een andere, DRUIF!
KRAK!
En dus...
We hebben alleen een plastic strandset, maar die is best sterk!
Bedankt! We zijn naar, eh... SCHELPJES aan het graven!
Jullie hebben mooie spullen! Die zonnebrillen zijn heel gaaf!
Schiet op, Teun! GRAVEN!
GRMPF! Ik kom, Jack!
Wat heb je nou gekocht? STRANDSPEEL-GOED?

Misschien kunnen we die mannen nog iets aansmeren!
Ja, dan staan we hier niet voor niets!
Hm! Misschien was het iets meer naar het oosten...
Wilt u een parasol huren, heren? Dan heeft u ook geen last van de regen!
Of wilt u een lekker flesje limonade of wat te lezen?
Ze verkopen ook ijs, Jack! Mogen we er eentje?
We zijn niet geïnteresseerd! SMEER 'M!
Jullie blijven hier graven! Ik probeer het achter die zandheuvel!
We proberen het nog een keer als die bullebak weg is!
De versnaperingen zijn niet aan te slepen...
Ik wil nog een zakje pinda's, jongens!
Hier is het chocolade-ijs dat u heeft besteld, meneer Teun!
OH,OH! Daar heb je, Jack!
Hij wordt WOEDEND als hij jullie ziet, jongens! Spring in de kuil!
OKÉ!

BAH! We hebben het halve strand afgezocht en NIETS gevonden!
W-we hebben ons best gedaan, Jack!
Waarom heb je de plaats waar we de buit hebben begraven niet GEMARKEERD?
Eh, laten we over iets anders praten, baas!
Wat mompel je nou? En waar komt DAT vandaan?
D-dat moet iemand hebben laten vallen!
Het zijn die kinderen! ZE LUISTEREN ONS AF!
RENNEN, JONGENS!
GRIJP ZE! Ze weten te veel!
Eén ding is zeker! Z-ze zoeken niet naar SCHELPJES!
Wat doen we met Plinks strandkraam?
Start de motor en WEGWEZEN!
VRRR!
WE PAKKEN ZE! Nog maar een paar meter!

AARGH!
Ik zie niks meer!
URGH!
STRANDKRAAM
GEEF PLANK-GAS, KWIK!
VROOEM!
DE KOFFER! Hij was begraven onder de strandkraam!
!!
OH, NEE!
GRIS!
Deze zochten ze! Hij zit vast vol GESTOLEN GELD!
KIJK UIT! Achter je, Kwak!
DAAR ZIJN WE!
Die stomme kar is niet snel genoeg, SNOTAPEN!
SPRINGEN, JONGENS!
NIET MET ONZE KOFFER!
VROOEM!
RAAAH! W-wie bestuurt dit ding nu?

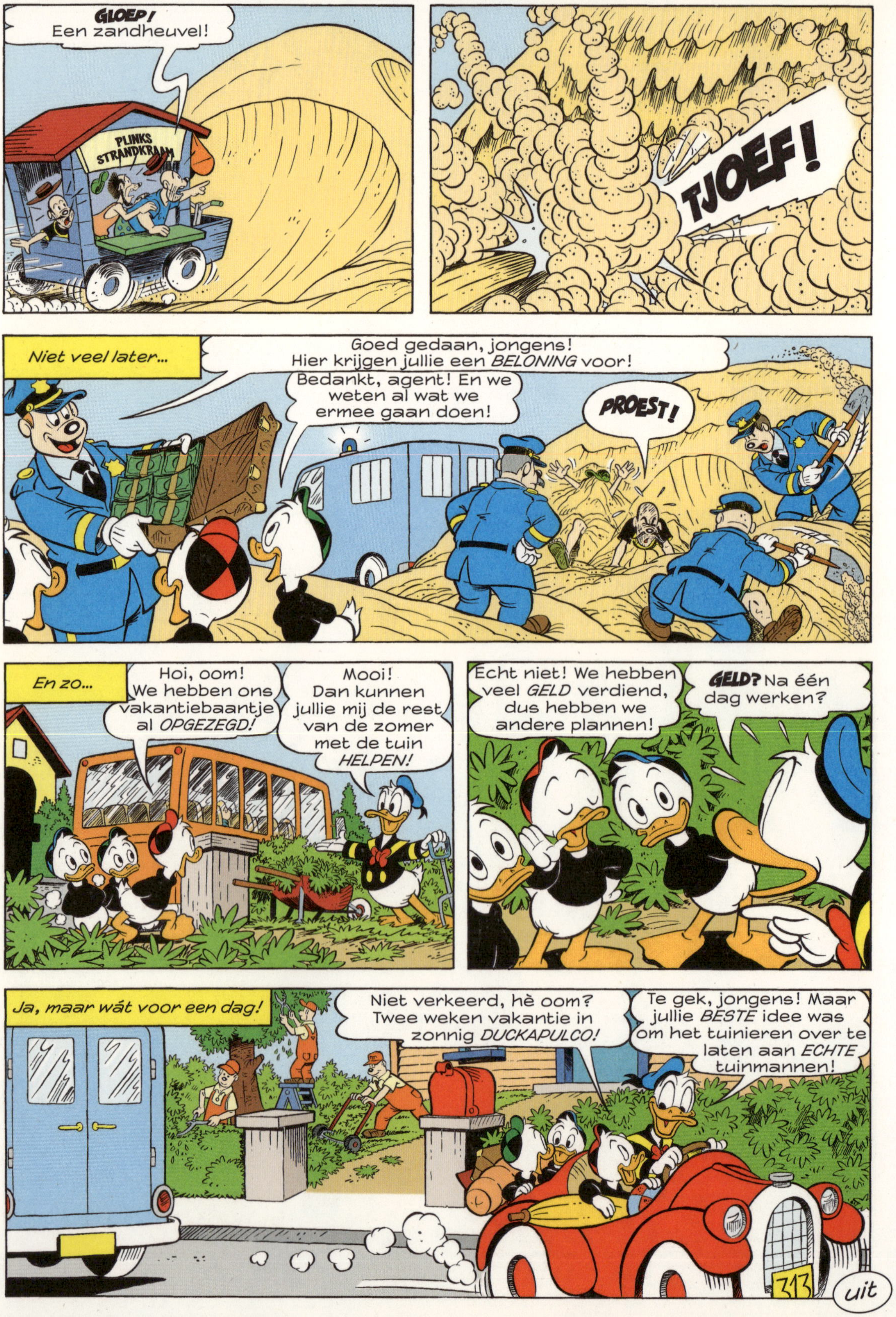
GLOEP! Een zandheuvel!
PLINKS STRANDKRAAM
TJOEF!
Niet veel later...
Goed gedaan, jongens! Hier krijgen jullie een BELONING voor!
Bedankt, agent! En we weten al wat we ermee gaan doen!
PROEST!
En zo...
Hoi, oom! We hebben ons vakantiebaantje al OPGEZEGD!
Mooi! Dan kunnen jullie mij de rest van de zomer met de tuin HELPEN!
Echt niet! We hebben veel GELD verdiend, dus hebben we andere plannen!
GELD? Na één dag werken?
Ja, maar wát voor een dag!
Niet verkeerd, hè oom? Twee weken vakantie in zonnig DUCKAPULCO!
Te gek, jongens! Maar jullie BESTE idee was om het tuinieren over te laten aan ECHTE tuinmannen!
313
uit

Lachen, gieren, brullen

BLEH! Je hebt drie open flessen met een stinkende vloeistof erin, maar je hebt maar twee kurken om iets aan die vreselijke stank te doen.

Je stopt de kurken in je neus.

Wat is erger dan een appel met een hele worm erin?

Een appel met een hálve worm erin.

Gijs Gans en oma Duck zitten samen op een bankje te genieten van een ijsje. "Bah," zegt oma opeens. "Er zit een vlieg op mijn ijs." "Oh," antwoordt Gijs. "Zeker een liefhebber van wintersport!"

Twee ballonnen lopen in de woestijn. Zegt de ene tegen de andere: "Kijk uit, een cactussssss…"

Mickey: "Waar ga je dit jaar heen op vakantie, Goofy?" Goofy: "Naar Zicht." Mickey: "Naar Zicht? Waar ligt dat?" Goofy: "Geen idee, maar in de krant stond: Lekker weer in zicht."

Twee schapen staan in de wei. Zegt de ene: "BÉÉÉÉÉÉÉ!" Zegt de ander: "Nou, dat wilde ik ook net zeggen."

Een haai ziet een windsurfer aan komen zeilen. Gna, gna, wordt dat even netjes geserveerd, denkt de haai. Op een dienblad met een servet erbij!

Hoe komt een aap uit het water?

Nat!

Een haan staat met één poot in Nederland en met de andere poot in België. Waar legt-ie z'n ei?

Een haan legt geen eieren.

Mickey Mouse
ZZZ... HUH?
WRAF! WROEF! GRRR!
H8298
OEWAAAH... Wat een kabaal!
WOEF! WRAF!
PLUTO!
WRAF! WOEF!
PFRT!
Ben je een haartje betoeterd om midden in de nacht zo'n herrie te maken? Je blaft de hele buurt wakker! In je hok, jij!
Af en toe overdrijft Pluto z'n rol van waakhond!
WAF WAF WROEF!
Nee, hè?
WRAF! WRAF!
MELK

En nu is het afgelopen! De rest van de nacht ben je *MUISSTIL*, begrepen?
SLIK!
ZZZ...
WRMPFFF!
Kijk eens wat een vredig tafereeltje, Gerrit!
Oh oh, inbrekers! denkt Pluto!
Brave hond! Stil zijn, hoor!
"Maar ik mag niet blaffen!"
WRA..MPF!
Hé! Kalm aan met dat raam!
"Mickey zou woedend worden!"
"Maar hoe kan ik Mickey nu waarschuwen zonder te blaffen?"
♫ DOM PE DOM! ♪
"Ik heb een idee. Blaffende honden bijten niet..."

"...maar NIET blaffende honden bijten wél!"
IEKS!
BONK!
Oh, nee! De hond! Als hij gaat blaffen, zijn we er gloeiend bij!
...
Krijg nou wat! Hij geeft geen kik!
Waren alle honden maar zo stil! Goed zo, hondje! Zo is-ie braaf!
HAP!
AUAUAU!
Dat mormel heeft me gebeten! Doe iets!
Dit houdt 'm wel stil!
?
KLETTER!
KLONK!

KAI! KAI! KAI!
Pak aan, boevenbÿter!
BAF!
RATS!
BONK!
...IK BEN GERRIT...
GRR!
Oh, nee!
...EN IK STEEL ALS DE RAVEN...
Wat nu weer? Krÿg ik dan nooit rust!
...IK BEN EEN BOEF IN DE OGEN DER BRAVEN...
?
Wegwezen hier!
BONK!
Inderdaad agent, Pluto heeft die schurken overmeesterd zónder te blaffen!
WAF!
Maar eigenlÿk word ik liever wakker van jouw geblaf dan van mÿn *BREKENDE MEUBELS!*
uit

Donald Duck
PUF!
STEUN!
ZUCHT!
De post, meneer Duck! HIJG!
Tjonge! Dat u nog bezorgt met deze hitte, postbode!
DONALD DUCK
H20113
Oh, nee! Ook dat nog!
Wat is er, oom Donald?
Luister maar: "Vanwege de extreme hitte en droogte geeft de gemeente elke burger nog maar 50 liter water per week om algehele schaarste te voorkomen!"
Mooi! Dan hoeven we dus niet meer in bad!
Wat zijn jullie toch 'n viespeuken! Denk liever aan mijn TOMATEN!
Als ze te weinig water krijgen, verschrompelen ze tot rozijnen!
Hela! Ik krijg een ideetje, geloof ik...

Zeg, zou je niet eens een beetje *ZUINIGER* doen met je water, Bolderbast?
?
Waar bemoei je je mee, Duck! Ik sproei m'n gazonnetje net zo vaak als ik zelf wil!
Dat is dan knap asociaal van je!
TSS! Ik zou niet weten waarom!
Wie van ons tweeën is hier nou asociaal?
JIJ!
Hier! Kun je even afkoelen, oververhitte driftkikker!
SPLATS!!
Waag het niet om dat nóg eens te doen, verspiller!
Hoezo niet? Het is tussen ons altijd water en vuur geweest!
SPLATS!!
Als je maar niet denkt dat ik me door jou uit m'n eigen tuin laat spuiten!
Oh, nee?

SPLATSJ!
Pak aan, droogstoppel! HA! HA!
HOU DAARMEE OP!
Wat zeur je nou? Eenden HOUDEN toch van water?
HUH? Wat zullen we nou krijgen?
Ha! Zo te zien is je watervoorraad voor deze week op!
Watervoorraad op? Waar héb je 't over?
De gemeente heeft een beperking ingesteld vanwege de droogte! En dankzij jouw gespuit, heb ik voorlopig genoeg over om mijn tomaten te besproeien!
Hoezo? Mijn water is nu toch niet van jou?
Jazeker wel! Ik heb namelijk al de emmertjes en teiltjes die ik heb achter de heg gezet om het op te vangen!
WAT?
Bedankt, hoor! Dankzij jou ben ik straks misschien wel de ENIGE met eigen tomaten!
Wie weet kan ik zelfs nog wel een handeltje beginnen! HA! HA! HA!
BAH! Ik ben er ingestonken!

En ja hoor, een tijdje later...
TOMATEN TE KOOP
Kijk nou, tomatenteler Duck!
Inderdaad! Wil je een kistje kopen, van EIGEN water? HA! HA!
Ach, waarom ook niet!
Weet je wat, geef er maar drie!
Zo zo, ik wist niet dat jij zo van tomaten hield!
Dat doe ik ook niet, maar ze gaan naar een héél goed doel!
Oh! Dat is heel vriendelijk van je!
Ja, naar mijn walgelijke BUURMAN! Hier!
WAT? Maar...
FLOTS!
Zijn er nog tomaten te koop, jongens?
Nee! Ze zijn allemaal al uitverkocht!
En die daar dan?
Eh... die zijn voor...
Ja, hoe noem je dat?
Eh... voor EIGEN GEBRUIK!
Pak aan, waterverspiller!
En deze is voor jou, profiteur!
uit

Strand-sudoku

Zelfs op het strand kun je sudoku spelen! Kun jij de puzzel van Kwik, Kwek en Kwak oplossen? Elk strandobject mag maar één keer in elke rij en één keer in elk vak voorkomen. Zet hem op!

De oplossing vind je op bladzijde 143.

Donald Duck
DE IDEALE BUURMAN
HÉ, BOLDERBAST!
Doe me een lol en hou op met die *HERRIE!* Je bent mijn dag weer aan het *VERPESTEN!*
BONK!
BONK!
ZUCHT! Daar gaan we weer!
D 96182
HUH?!
BONK!
Wacht, Bertus, ouwe jongen... Ik *HELP* je wel even!
BONK!
BONK!
HUH?
Houd jij dat bord vast, dan doe ik het zware werk!
Dat is nog 'ns *AARDIG* van je, Donald!
Wat is dit?
BAM!
AAAH!
Hé! Je moest 't niet vasthouden op de plaats waar ik zou *SLAAN!*
Nu herinner ik me waarom ik naar een *ANDERE BUURT* wil!
HUIS TE HUUR

Waar gaat u heen, buurman?
Ik mag van mijn broer zijn hutje in de bergen huren! Daar heb je geen last van ASOCIALE BUREN!
HUIS TE HUUR
En ik ga m'n uiterste best doen om iemand te vinden die gek genoeg is om in dat OUWE KROT van jou te willen wonen! HAHA!
Dat hoeft niet! Ik heb al een MAKELAAR!
HUIS TE HUUR
Het is moeilijk om huurders te vinden tegenwoordig, maar we hebben geluk! Meneer en mevrouw Barkstra zijn geïnteresseerd!
WELKOM in onze buurt!
En...
Zoals u ziet, is alles onlangs geschilderd!
Goed gedaan, hoor! Zelfs de HOUTWORMGAATJES zie je niet meer!
Deze cv-ketel is SPLINTERNIEUW...
Nu heeft u minder last van de TOCHT door de ROTTE raamkozijnen!
Ik wilde alleen maar helpen...
Mijn buurman is een LOLBROEK!
De volgende dag...
En? Gaan ze uw huis huren, buurman?
Ja! Ondanks de hulp van jullie oom!
Jullie moesten eens weten hoe ik me verheug op een NIEUW LEVEN, ver weg van deze buurt!

Wat een OPLUCHTING! Eindelijk is die herriemaker weg! Kom, we gaan de nieuwe buren gedag zeggen!
Ze lijken me heel aardige men...
RAAAH!
GRROWL!
Houd dat BLOEDDORSTIGE MONSTER bij me vandaan!
HAHA! Neem het Bruno niet kwalijk! Hij is wat speels omdat hij nog een PUPPY is!
GRAUW! GROM!
BAM!
A-als dat een puppy is, hoe GROOT wordt hij dan wel niet?
Meneer Duck is geïnteresseerd in onze honden, Clara! LAAT ZE MAAR LOS!
We fokken alleen dit speciale ras en hebben ze in alle soorten en maten!
KRIJG NOU DE PIP!
WAF! WAF!
Onze buren fokken TARTAARSE MASTIFFS! Die worden zo groot als PAARDEN!
KIJK! Meneer Barkstra repareert onze schutting en plaatst een nieuwe aan de straatkant!
Misschien hebben we geen last van ze!
ZUCHT! Ik hoop dat je gelijk hebt, Kwik!

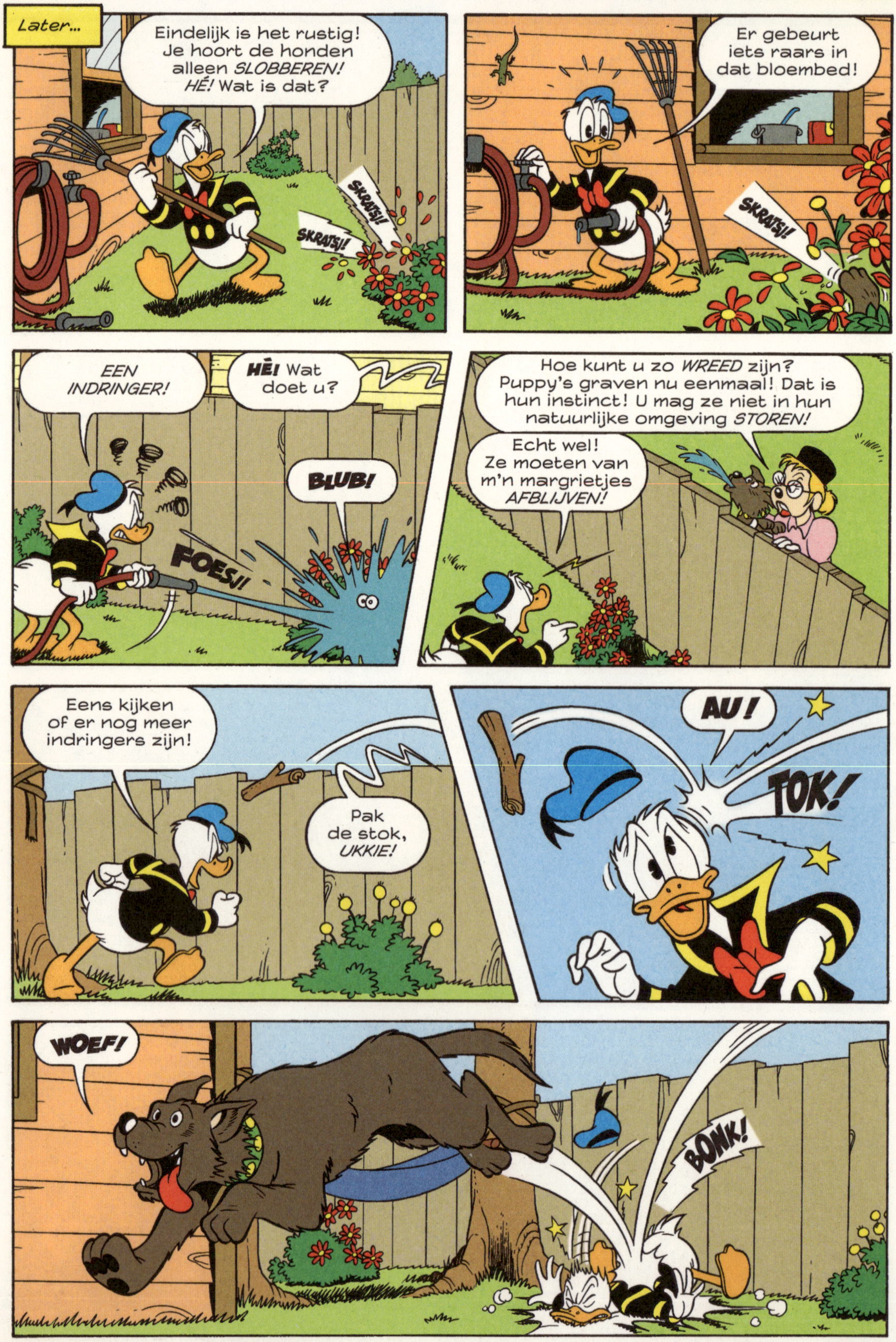

Later...
Eindelijk is het rustig! Je hoort de honden alleen SLOBBEREN! HÉ! Wat is dat?
SKRATSJ!
SKRATSJ!
Er gebeurt iets raars in dat bloembed!
SKRATSJ!
EEN INDRINGER!
HÉ! Wat doet u?
BLUB!
FOESJ!
Hoe kunt u zo WREED zijn? Puppy's graven nu eenmaal! Dat is hun instinct! U mag ze niet in hun natuurlijke omgeving STOREN!
Echt wel! Ze moeten van m'n margrietjes AFBLIJVEN!
Eens kijken of er nog meer indringers zijn!
Pak de stok, UKKIE!
AU!
TOK!
WOEF!
BONK!

Iemand het nummer van die vrachtwagen genoteerd?
URGH!
Je hebt wel de verkeerde stok, Ukkie!
HÈ! LUISTER, JIJ!
Kalm, meneer Duck! Wij moeten de honden trainen! U heeft Ukkie BANG gemaakt!
GRROWL!
Slik! Is HIJ bang?
Goed zo, Ukkie! Pak die GEMENE meneer Duck maar aan!
KRUNS!
Die nacht...
HOWWWWWL! HOWWWWWL!
Ze JANKEN naar de maan! Net als wolven!
D-dat klinkt best ENG!
Ik weet dat hij hier moet liggen!
Wat zoekt u?
Mijn GELUIDDEMPENDE KOPTELEFOON! Zonder dat ding doe ik geen oog dicht!
Het ergste moet nog komen...
Slaap lekker, oom!
Laat maar, Kwek! Hij hoort je toch niet!
ZUCHT!
HOWWWWL!

Die morgen...
Niet doen, jongens! Ik weet dat het ochtend is, maar ik heb slecht geslapen! Ik had een nachtmerrie en...
RUK!
AAAH! DIE MONSTERS VALLEN MIJ AAN!
Wat is er, oom Donald?
Het zijn maar een paar PUPPY'S! Niets om u druk over te maken!
Ze zijn best schattig!
Echt niet! En wat is dat voor LAWAAI beneden?
OH, NEE!
GLOEP! Ze eten onze KOELKAST leeg!
GROWL!
SMAK!
Wacht maar! Dit zet ik die VRAATZUCHTIGE MORMELS betaald!
NIET DOEN, OOM DONALD!
GRAUW! GROM! GROM!
KEF! KEF!

We wilden u *WAARSCHUWEN!* Ze denken dat wij hun eten hebben!
Het is te vroeg voor *EENDENBOUT!*
GROWL!
Zodra ik ben aangekleed, ga ik in de *TEGENAANVAL!*
Wees voorzichtig, oom!
Even later...
Daar zijn ze! Volgens mij hebben ze alles in huis opgegeten!
Dit wapen heeft me nog *NOOIT* teleurgesteld!
AANVALLEN!
GROWL?!
Weer niet je poten na 't eten gewassen, hè?
JANK!
YOWLP!
KEF!
Wacht maar! Dit is een lange slang en ik heb genoeg water!
EN WAAG 'T NIET TERUG TE KOMEN!
Kijk, Clara! Daar zijn ze! De buurman heeft onze puppy's *ONTVOERD* en hij doet heel *GEMEEN* tegen ze!
Hoe kan hij zo *WREED* zijn? Dat water is *IJSKOUD!*

Later...
We blijven geen minuut langer in een huis waar een HONDENHATER naast woont!
Het spijt me dit te horen!
HAHA! Het spijt mij niets! Heeft u misschien al een andere huurder voor het huis gevonden?
Ja, zelfs twee! DRUMBAND 'STAMPIJ' zoekt een oefenruimte en MOTORCLUB 'PROLETOS' een nieuw clubhuis! Het vorige hebben ze in BRAND gestoken!
N-n-nee!
WIJ GAAN OOK VERHUIZEN!
Kijk 'ns wie daar is!
Mijn FAVORIETE BUURMAN! Je bent terug!
HUH!?
Toe, Bolderbastje! Ga alsjeblieft weer in je huis wonen en laat ons nooit meer in de STEEK!
Oké! M-maar wat is er met jou?
Dank je, Bolderbast! IK HOUD VAN JE!
Het heeft niets met hem te maken! Het was te rustig in de bergen en ik VERVEELDE me daar in m'n eentje!
En die middag...
Bolderbast! De rook van je barbecue VERVUILT hier de lucht!
Oh, ja? En de PLUISJES van jouw paardenbloemen dan die in m'n tuin waaien?
Niet te geloven! Alles is weer bij het oude!
Oom Donald ruziet het LIEFST met de buren die hij kent! HIHI!
uit

Oplossingen

Jungle-puzzel - blz. 21

Pas op! - blz. 47

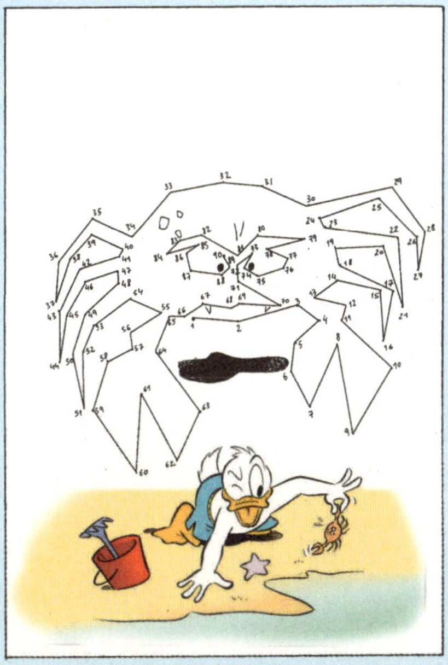

Wereld onder water - blz. 71

Er zijn 28 vissen.

Knappe Koppen - blz. 103

Geldkasteel - blz. 112

Oom Dagobert is 31 munten vergeten.

Strand-sudoku - blz. 134

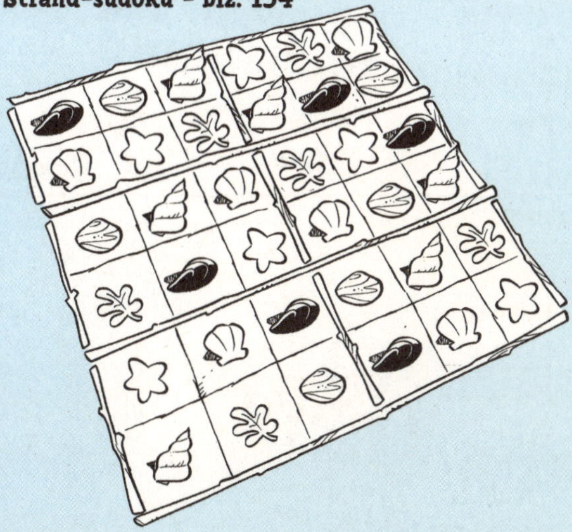